徽州古村落文化研究丛书

HUI ZHOU YI MIN WEN HUA YAN JIU

徽州移民文化研究

——以篁墩为例

冯剑辉 著

合肥工业大学出版社

图书在版编目(CIP)数据

徽州移民文化研究:以篁墩为例/冯剑辉著. —合肥:合肥工业大学出版社,2017.2
ISBN 978 - 7 - 5650 - 3253 - 0

Ⅰ.①徽⋯ Ⅱ.①冯⋯ Ⅲ.①移民—文化—研究—徽州地区
Ⅳ.①D632.4

中国版本图书馆 CIP 数据核字(2017)第 025054 号

徽州移民文化研究
——以篁墩为例

冯剑辉 著   责任编辑 张 慧 权 怡 章 建

出　版	合肥工业大学出版社	版　次	2017 年 2 月第 1 版
地　址	合肥市屯溪路 193 号	印　次	2017 年 3 月第 1 次印刷
邮　编	230009	开　本	710 毫米×1000 毫米　1/16
电　话	总 编 室:0551 - 62903038	印　张	8.75
	市场营销部:0551 - 62903198	字　数	150 千字
网　址	www.hfutpress.com.cn	印　刷	合肥现代印务有限公司
E-mail	hfutpress@163.com	发　行	全国新华书店

ISBN 978 - 7 - 5650 - 3253 - 0　　　定价:29.80 元
如果有影响阅读的印装质量问题,请与出版社市场营销部联系调换。

目　录

一、徽州宗族迁徙文化的形成

徽州文化，是指古徽州府下属的歙县、休宁、婺源、祁门、黟县、绩溪人民，在长期的生产和生活实践中所创造的物质财富和精神财富的总和。从渊源上来说，徽州文化是从中原迁移而来的移民文化，而不是当地土著文化的延续。从历史记载来看，徽州最早的土著居民是山越，因此，对山越的征服和同化，是中原世家大族得以大量迁居徽州的前提。

（一）对山越的征服与同化

徽州是中国南方开发较晚的地区，有学者曾称徽州"在汉代之前的历史几乎完全埋在黑暗之中"。从考古发掘的情况看，徽州早有古人类居住，但原始居民是南方的越族，"黟歙以南，皆大越之民"。汉代中原人认为，新安江水系"出南蛮夷中"，当地居民是"深林远薮椎髻鸟语之人"。这些记载都反映出，在当时的中原汉族士绅的眼中，徽州是蛮夷之域，其经济发展水平与中原相差甚远，文化习俗差异更大。东汉末年开始，居于徽州的越族被称为山越，他们"依阻山险，不纳王租"，多次发动叛乱，成为割据江东的孙吴政权的心腹之患，史称"山越好为叛乱，难安易动，是以孙权不遑外御，卑词魏氏"。大将陆逊认为，山越是孙吴政权的心腹大患："腹心未平，难以图远"。因此，孙吴政权曾多次发动对山越人的战争，建安十三年（208 年），贺齐镇压黟歙山越之战最为残酷，"凡斩首七千人"。贺齐上表，分歙县为新定、黎阳、休阳和歙县四县，孙吴政权遂以黟县、始新、新定、黎阳、休阳六县割建新都郡，贺齐任太守，立府于始新（今浙江淳安县西），这也是徽州有独立行政建置的开始。

但是，山越人此后仍顽强地进行反抗斗争，时起时伏，长达数个世纪。东吴和南方的东晋、梁朝、陈朝都曾多次发动过对山越人的战争。直至唐代贞元年间（785—804 年），浙东观察使裴肃最后一次镇压了山越人的反抗。经历六个多世纪的时间，山越人才被彻底征服。

历代王朝对徽州土著居民山越人实行的是两手政策：一方面对那些"作乱"的山越人实行武力征服；另一方面对接受封建王朝统治的山越人实行封建教化。《后汉书·李忠传》记载，李忠任丹阳太守以后，一方面对山越人中"不服者悉诛之"，另一方面"招怀降附"，"起学校，习礼容，春秋乡饮，选用明经"，促使山越人逐渐汉化。梁朝中大通三年（531 年），徐摛出任新安太守，"至郡，为政清静，教民礼义，劝课农桑，期月之中，风俗便改"。历代封建王朝和历任地方官吏对山越人的封建教化，使山越人逐步汉化。公元 9 世纪以后，山越一词从史书中消失了，一方面说明他们在人数上已经残存无几，另一方面说明残余者已经与汉族无异，完全汉化了。

（二）中原大族大举迁居徽州

古徽州地区山越人的征服和同化，使中原地区的世家大族大举迁居徽州成为可能。从东汉末年到北宋末年，中原世家大族曾多次大规模迁居徽州，尤其以中原地区的封建士大夫和仕宦为多，即所谓的"中原衣冠"。这一重要的历史现象早已引发学界关注，对其原因和影响也进行了深入的研究。

1. "中原衣冠" 大举移民徽州的原因

第一，为了逃避战乱。中国古代的政治中心在中原地区，国家的重大政治斗争——包括农民战争、民族战争、统治阶级内部战争和改朝换代等——绝大多数都发生在这个地区。每当"天下大乱"，中原地区往往战火纷飞，生灵涂炭。为了躲避战乱，中原地区出现人口大量渡江南迁的现象。中国历史上，由于中原地区战乱，曾出现过四次中原移民大规模南迁的高潮。东汉末年，中原地区门阀混战，魏、蜀、吴三国鼎立，出现中原移民大规模南迁的第一次高潮。西晋末年，八王之乱、五胡乱华、十六国纷争，出现中原移民大规模南迁的第二次高潮，史称"永嘉南渡"。唐末，黄巢起义，中原居民纷纷南渡，出现中原移民大规模南迁的第三次高潮。北宋末年，女真贵族征服中原，宋金对峙，出现中原移民大规模南迁的第四次高潮。

从汉代以来，虽然历朝历代都有从中原迁入徽州地区避难的封建士大夫和仕宦，但是，迁入人数最多的还是中原人口四次南渡的高潮时期，特别是西晋末年的永嘉之乱和唐末的黄巢起义，从中原地区迁徙徽州避难的封建士大夫和仕宦人数最多。

中原大乱时，封建士大夫和仕宦为什么要向徽州地区迁徙呢？这与徽州的自然地理环境有关。徽州地处皖南山区，与浙赣毗邻，一府六县"届万山中"，全县仅有几条崎岖的山路与外界相通。这种"万山回环，郡称四塞"的自然地理环境，使徽州地区成为一个无兵燹之虞的战争罕及之地。每当天下大乱时，中原地区一些封建士大夫和仕宦就将徽州视为世外桃源，徽州成为理想的避难所和移居地。

徽州方氏始迁祖方弘，世望河南，为汉司马长史。东汉末年，为逃避"王莽篡乱，避居江东，遂家丹阳……歙之东乡"，其孙方储"举孝廉，授洛阳令，赠歙县侯"。后裔由歙县东乡逐渐向西扩散和发展，散居郡邑，遂成为徽州的一个著姓。西晋永嘉年间（307—312 年），丹阳人余祥"迁睦之遂安，改迁（歙县）余岸"。余氏一迁丹阳，二迁遂安，后迁歙县，虽未明言迁徙原因，但前两次迁徙都发生在中原地区社会大战乱期间，可见为逃避战乱无疑。

唐末，为了逃避黄巢起义的冲击，全国各地的士大夫和仕宦——绝大多数为"中原衣冠"，纷纷向徽州地区迁徙，以保身家性命。据《新安名族志》记载，广明年间（880 年），严陵（今浙江桐庐县西）人陈禧，避黄巢乱，迁休宁陈村（又名藤溪）。乾符年间（874—879 年），周钦任庐州刺史，其子为了逃避黄巢起义的打击，从庐州（今安徽省合肥市）迁歙县黄墩。休宁县江潭吴氏，先世居江都阳，"有讳逸者复徙浮梁之白水。广明间，黄巢乱，逸妻程氏小婆挈子曰宣者"，从浮梁徙居江潭。休宁大溪吴氏，先世居平江府（今江苏苏州市）。吴裕为避黄巢乱，从平江迁居大溪。休宁长丰吴氏，先世吴芮为秦鄱阳今，"得民心，号鄱君。汉高帝封长沙王，居饶"。唐末，为逃避黄巢起义打击，其后裔吴宗由饶州（今江西波阳县）迁长丰。休宁屯溪潘氏一世祖潘逢旦，同兄潘逢辰"避乱，由闽居歙黄墩。其子孟和公迁浮梁落马桥"，八世孙潘汝戒"始迁屯溪居焉"。休宁汪溪金氏，先世"系出金天氏之后"。广明年间，金博道"避黄巢乱，自桐庐迁居休宁之杉坑"。

北宋末年，女真贵族征服中原，又有士大夫和仕宦逃避至徽州。《新安名族志》记载，徽州郡城杨氏，其"先庐州合肥人"。宋绍兴元年（1131 年），杨通"除授徽州路司户参军，太守洪适重其才，在任六载卒"。子杨清"欲扶柩还，以国祚南迁，北土未宁，不敢行，遂家焉。世居于徽治之北偏，即今之上北街也"。休宁县韩家巷韩氏，"出唐昌黎愈公之后，本居上党"。宋淳熙年间（1174—1189 年），"天下苦于金胡之乱，朝迁暮徙；当时民在北地者，咸以江南为乐土"。韩炜时任池阳教授，子韩实"由父宦邸道经休邑，见徽于万山，休邑人烟辏集，无异京华，乃留于城北居之"。

第二，向往徽州山水。梁高祖萧衍曾用"大好山水"四个字概括和形容徽州的自然风光。明代著名旅行家徐霞客认为，"登黄山天下无山，观止矣"。徽州如诗如画的秀丽景色，令人如痴如醉。许多文人墨客将这里视为人间仙境。1990年，联合国教科文组织将黄山列入世界自然和文化遗产名录。这说明黄山不仅是中国名山，同时，也是世界名山。从汉代以来，许多向往与山水为伴的士人和仕宦，从全国各地——主要是中原地区，不断向徽州迁徙。

西汉时期，舒骏曾任丹阳太守，其后裔舒许出任新安太守时，羡慕新安山川秀丽，景色宜人，遂迁居于此。南北朝时，乐安博昌（今山东博兴县南）人任昉"以学问显，与沈约齐名，仕梁。天监中，出守新安。尝行春，爱富资山水之胜，遂家焉。后名其居曰昉村、昉溪"。南朝梁时，东海郯（今山东郯城县西北）人徐摛出任新安太守，"其从昆弟侍中（徐）绲来游此邦，流连山水，子孙遂为土断"。休宁唐田孙氏，先世山东青州人。唐末，孙万登任金吾上将军，从岭南道节度使康承训"平蛮"凯旋，"道经海宁，爱风土之胜，遂家黎阳乡之唐田。今坑口、草市、垫山、阳湖、溪东，梅林、栈山、浯田、高桥、黄村，汉田，皆出此派"。

第三，因宦游而留居徽州。《新安名族志》中记载的全国各地——主要是中原地区，在徽州居官任职的封建士大夫，携家徙居徽州"终身不返""以家其间者"，多达三四十人。

歙县棠樾鲍氏，"其先青州人"。晋太康年间（280—289年），鲍伸"由尚书户部拜护军中尉，镇守新安"。永嘉年间（307—312年），"青州大乱，子孙避兵江南"。咸和年间（326—334年），鲍弘"任新安郡守，因占籍郡城西门，继于郡西十五里营建别墅"。北宋中期，鲍荣"始开书园于棠樾"，曾孙居美"遂自西门挈家居焉"。厥后，子孙繁衍，散居歙县蜀源、岩镇、新馆等村镇，形成29派。歙县岩镇闵氏，先祖“居齐鲁间，汉末避乱，南迁浔鄱”。南朝梁大通初，闵弦“举贤良，为歙邑令，由浔阳因家于歙”。唐元和年间（806—820年），十世孙闵玉，“迁居岩镇”。休宁率口何氏，“其先袁州人”。南庸时，何令达为仕国子司业，弟令通为国师。显德年间（958—960年），何令通“因谏牛头山不利，谪休宁”。侄何润“随叔令通居焉”。

第四，隐居徽州。徽州自然地理环境有两点特别引人注目：一是“万山回环，郡称四塞”，“兵燹鲜经”，类似“世外桃源”；二是峰峦叠翠，烟云缭绕，山川秀丽，是人间仙境。因此，这里成为封建士大夫隐居的理想地方。据《新安名族志》记载，婺源庐源詹氏，其先祖詹初原居于九江庐山，隋代大业年间（605—617年），迁居庐源，“慕黄石公隐居之义，号‘黄隐’”。婺源马家巷马氏，“先世居鄱之乐平”。宋宣和年间（1119—1125年），马咸“仕至龙图直秘阁，知遂宁府，因谏蔡京有忌，辞职隐于婺源北亭山下，因家焉”。

2. 中原大族迁居徽州的影响

中原地区世家大族的大量涌入，为徽州的进一步开发提供了重要的人力、技术和文化资源，山越土著尚武好战的文化基因在洪水般涌来的中原移民浪潮中最终被消融，唐末五代以后的徽州经济文化发生了根本性的变化。

唐末五代时期，徽州逐步建立了区域特色产业群。这一时期，徽州农业生产有了一定的发展，如南唐升元年间，都制置使刘津曾在婺源、祁门等地派士兵招募流亡人士，“屯田五溪，曰武溪香田、思溪大田、潋溪车田、浮溪言田、古溪丰田，他如杨田、梅田、长田、罗田、冲田、仰田，凡以田名者，皆屯田之处”。但由于徽州地处山区，可供耕作开发的平原地带相当有限，因此利用山区资源发展特色产业对徽州经济发展的意义更为重要。这包括茶业、木业、文房四宝等等。徽州茶业在唐代中期已经有名，"歙州、婺州、祁门、婺源方茶，置制精好，不杂木叶，自梁宋幽并间，人人皆尚之"。唐代末年有了进一步发展，宋代以后，徽州遂成为全国重要的茶叶产区。徽州为江南重要的木材产区，宋代木业贸易已经非常发达，"休宁山中宣彬，土人稀作田，多以种彬为业"，"山出美材，岁联为桴，下溯河，往者多取富"。文房四宝更是五代时期兴起的徽州重要的特色产业。唐末，易州墨工奚超、奚廷珪父子为避战乱来徽州定居，以黄山松烟为材料，改进了制墨工艺，所制之墨名满天下，得到了南唐后主李煜的特别赏识，恩赐奚家以"国姓"，奚超、奚廷珪因此而改称李超、李廷珪，其墨品也被称为"李墨"，成为今日徽墨的鼻祖。宋理宗时，谢公暨任徽州知府，以澄心堂纸、汪伯立笔、李廷珪墨、旧坑砚进贡入大内，有"新安四宝"之称。后世徽州"小民多执技艺"，这个基础是在唐末五代时奠定的。

在经济发展的基础上，唐末五代时期，徽州也开始摆脱文化落后的面貌。唐代以前，徽州文化教育水平在全国是比较落后的。公元290年，徽州进士总共只有9人，平均每年0.04人。据徽州方志，截止唐代，徽州人的著述为："程督东天竺赋一篇、吴少微集十卷、方干元英先生诗集十卷、王希羽诗一卷、张友正文一卷"，为数寥寥，除吴少微外，均无多少影响。五代时期，情况开始发生改变，杨吴和南唐的54年中，徽州总共出现进士6人，平均每年0.11人，数量已超过唐代。而且，在南唐保大年间（943—957年），歙县人舒雅举进士第一，成为徽州有史以来的第一个状元。休宁人查文徽仕南唐为工部尚书，由彭城迁歙县的冯延巳、冯延鲁兄弟更成为南唐权倾一时的宰执大臣。在朝有重臣、在野有耆旧，徽州的文化素质已经迅速提高了。

宋代《新安志》、清代《橙阳散志》对这一转变作了恰如其分的形容：

其人自昔特多以材力保捍乡土为称，其后寖有文士，黄巢之乱，中原衣冠避地保于此，后或去或留，俗益向文雅，宋兴则名臣辈出。

武劲之风，盛于梁陈隋间，如程忠壮、汪越国，皆以捍卫乡里显。若文艺则振兴于唐宋，如吴少征、舒雅诸前哲，悉著望一时，而元明以来，英贤辈出，则彬彬然称东南邹鲁矣。

（三）篁墩在徽州宗族
迁徙文化中的特殊地位

在前述中原地区世家大族迁居徽州的简介中，已经几次提及了歙县黄墩村，即今日黄山市屯溪区屯光镇篁墩村。这是一个非常古老的村落，现有人口约 1100 人，皖赣铁路从村中经过，乘火车路过的旅客单纯从自然风光上几乎看不出篁墩与周围的农村有任何差别。然而，这个外表上其貌不扬的村庄，在徽州历史文化长廊中却有着十分独特的地位。在晋、唐两代中原移民大规模南下的移民潮中，篁墩也是众多徽州宗族的始迁地、保祖地和发祥地，如同西北移民中的"洪洞大槐树"、南方客家移民中的"宁化石壁村"一样，篁墩在中国东南地区的移民过程中处于极为重要的地位，成为徽州的移民圣地。它也被广泛认为是宋代理学大师程颢、程颐兄弟和朱熹的祖籍地，以其深厚的理学文化渊源成为整个徽州文化的象征。

如此特殊的地位，使这个不大的自然村，在承载着极为丰富的人文积淀的同时，又始终笼罩着一层迷雾。"姚家墩""黄墩""篁墩"，同一个村庄却有着三个不同的名称，黄墩与篁墩，究竟何者才是准确的名称？篁墩与程朱两大宗族的关系究竟如何？那么多的宗族都是从今天篁墩这样的一个小村子发祥的吗？所有这些极为重要的问题，至今依然说法不一。篁墩，是一个谜一样的村庄。本书将拨开这重重迷雾，与读者一起走进徽州古篁墩。

二、篁墩的自然与人文概况

（一）山水雄深，苞络江左
——篁墩自然地理概况

这是从空中俯瞰的篁墩村卫星地图，新安江自西向东从村前流过，西边的富仑山耸立于村后，山环水绕，是典型的徽州山水乡村。

篁墩卫星地图

从地理位置上看，篁墩处于徽州中心区域。徽州属于江南丘陵地带，山地多而平地少，最大的一块平地是由新安江冲击而成的屯溪盆地，面积约155平方千米，包括历史上的休宁县东乡和歙县西乡，今天为分属歙县、休宁县和屯溪区，是徽州人口最为稠密、经济文化最为发达的地区。篁墩距屯溪约3里，直线距离歙县县城徽城镇约20里，距休宁县城海阳镇约30里，正处于徽州盆地的中心。同时，古代徽州山区与外界的联系主要通过水路，率水与横江在屯溪汇合，成为徽州第一大河——新安江。篁墩处于新安江畔，溯流而上，可达休宁和黟县，顺流而下，可经歙县进入浙江境内，直通杭州，其交通条件是比较便利的。众多的徽州宗族将篁墩作为进入徽州的始迁地，地理条件是重要的原因。

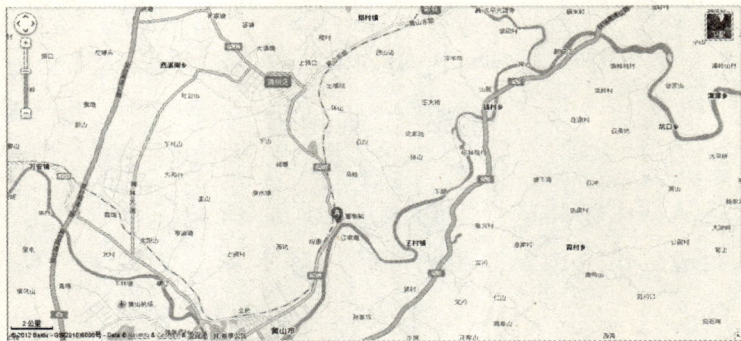

篁墩地理位置

篁墩山清水秀，附以众多的神奇传说。明清时期，徽州文人雅士对篁墩的山川奇秀、人杰地灵有很多赞誉之词。明代歙县人赵滂所纂《程朱阙里志》称赞：

篁墩地在歙之西南隅，去县治三十里而遥，发源于黄罗石际，旋西北蜿蜒而来，天马列其前，石壁拥其右，古岩辅其左，大河前绕，重山后镇，居然一隩区也！

自古明圣之生，必有山川清淑之气为之孕毓，故地灵著焉。新安山水雄深，苞络江左，其浡发而为人文如昔贤所称，异才间出，贤哲迭生，武烈文勋皆足以耸动朝野，殆非虚语，顾其气郁浡滴奇，绵亘最远，源深而流长。

所谓"新安山水雄深，苞络江左"，是对包括篁墩在内的整个徽州的赞誉，而"异才间出，贤哲迭生，武烈文勋皆足以耸动朝野"则是专指篁墩而言。显然，了解篁墩，首先需要了解围绕篁墩的众多贤哲和武烈文勋。

（二）名贤崛起，秀发坤舆
——篁墩人文历史概况

从历史上看，最早提到今日的篁墩村，是唐代的徽州地方志——《歙州图经》。这部书现在已经失传，但是北宋时期有一部类书《太平广记》，其中多处提到《歙州图经》，有一处提到了南朝梁、陈时期的"歙州歙县黄墩"，此处之黄墩即篁墩。梁朝由萧衍在公元 502 年创立，陈朝由陈霸先在公元 557 年创立，如果梁朝时就有黄墩，则黄墩之名已经有 1500 年以上的历史了，即便从唐朝算起（618 年创立），也有 1400 年左右的历史。由于反映唐代以前徽州历史的典籍今日所存寥寥无几，黄墩是今天能找到的最早的徽州村名。徽州古村落虽多，但绝大部分的历史只能上溯到宋朝，能追溯到唐朝晚期的很少，而像黄墩这样可以一直追溯到南北朝时期的，是独此一家。因此，说黄墩是徽州历史最为悠久的古村落，是名副其实的。

从这个记载中也可以了解到，篁墩原来的名称是黄墩，而这个村名演变的背后是极为特殊的历史变迁过程。

黄墩的称呼，首先与黄氏家族有关。黄氏是徽州历史极为悠久的世家大族之一，其祖先据说出自轩辕黄帝之孙颛顼。宋雍熙二年（985 年），宰相吴育为徽州黄氏家谱撰有一篇序言，回顾了徽州黄氏家族从颛顼开始的光辉历史：

黄氏之先，其出有二……其一出自颛顼高阳，高阳者，黄帝之孙、昌意之子也，高阳生称，称生卷章，卷章生吴回，绍重黎之后，居火正，为祝融。吴回生陆终，陆终子昆吾，夏之时，为侯伯，嗣爵至桀，汤灭之。周之时，昆吾之苗裔曰梁不泽，事武王，早卒，其孙曰缙，当成王时，举文武勤劳之后嗣，而封缙于黄。至襄王三年，楚成王伐黄灭之，子孙因国而为氏。一云其后或居楚，或适江夏。显于楚者有黄歇，游学博文，事楚

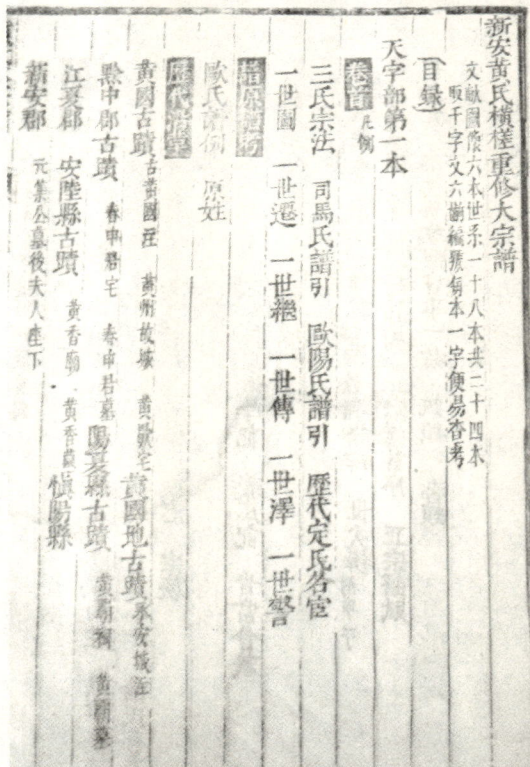

乾隆徽州黄氏大宗谱

顷襄王，王以歇为辩使于秦，不辱命，复与太子完为质于秦，秦留数年，楚顷襄王病，歇以计令太子归，而以身待命于秦。应侯说秦王，归以亲楚，楚顷襄王卒，太子完立，是为考烈王，以歇为相，封为春申君，赐淮北二十县。后春申君以淮地边齐为郡，便请封于江东，考烈王许之，因城故吴墟，以自为都邑，并徙亡黄居楚者之后以实焉。楚烈王之二十三年，春申君从王徙寿春。二十五年，王卒，李园杀春申君，灭其家，而吴之黄独无恙。家于江夏者有黄东明，从鄱阳令吴芮佐汉为长沙内史，自吴居江夏，以江夏为望，云仍骈蕃，隐显不一。一云其后有□得，汉宣帝时为颍川守，以循吏称，累迁御史大夫，代丙吉为丞相。考西汉书列传，霸淮阳阳夏人，至东汉尚书令香以孝行闻，香子琼永建间拜奉议郎，与李固、陈藩、范滂等相善，累迁太尉，时宦竖用事，琼自度力之不能制，乃称疾不起。琼七世孙曰积，字元集，当晋元帝即位，为新安太守，卒于官，葬郡之姚家墩。

这段长篇历史回顾，包含了几层意思：一是关于黄姓的来源，认为徽州黄氏之先出自颛顼之后陆终，后裔在周武王时受封为黄国，因此得姓黄氏；二是认为徽州黄氏出于江夏黄氏，战国晚期赫赫有名的"四大公子"之一——春申君黄歇即是江夏黄氏的祖先，汉代著名大臣黄霸、黄香、黄琼也是江夏黄氏的族人；三是认为黄琼后裔黄积在东晋晋元帝即位时（建武元年，317 年），出任新安太守，而晋代的新安郡就是后来的徽州府，所以黄积就是徽州黄氏的始迁祖。

黄积——徽州黄氏始祖

按照黄氏家谱的说法，黄积葬于姚家墩，他的儿子黄寻在当地守墓，其子孙从晋代至唐代晚期一直居住于当地，于是更改村名，称为黄墩。黄氏家谱中称："琬之后有曰积者，仕晋为新安太守，卒于官，子孙寻择地葬郡之姚家墩，庐于墓侧，后因家焉，乃更名其地曰黄墩。"换言之，黄墩之称是由于黄氏家族的缘故。

黄氏的这个说法有没有根据呢？从前述《歙州图经》中称"歙州歙县黄墩"来看，至少说明唐朝时就有黄墩之名，而《歙州图经》记载的梁陈时期，上距黄积迁新安的东晋，时间上相差不远。这说明黄氏家族的说法是有依据的，至少起源很早。而黄氏家族称黄氏进入之前当地原名姚家墩，说明当地原来可能是姚氏聚族而居的，只是这些更早时期的历史已经完全不清楚了。

　　黄墩会演变为篁墩，与程氏家族有密切关系。徽州程氏与黄氏同为大族，迁居徽州的时间也相当一致，都在东晋初年，始迁祖都是徽州太守。据程氏家谱记载，徽州程氏出于颛顼，后裔伯符在周成王时受封为程国，子孙遂以国为姓，伯符是程氏的得姓始祖。春秋时，程婴为晋国大贵族赵氏的门客，赵氏遭遇政敌屠岸贾的陷害，全家遇难。程婴为保护赵氏唯一的血脉赵武，以自己的儿子代替赵武被杀，然后抚养赵武长大，最后成功报仇。这就是家喻户晓的"赵氏孤儿"的故事，程婴也因此成为著名的历史人物，其赤胆忠心、坚韧不拔的品质一直为历代传颂。程婴迁居河北广平，后世程氏一般都称自己发源于广平。宋徽宗赵佶为表彰程婴保护赵氏祖先的功绩，还曾下令封程婴为诚信侯，因此后世程氏子孙一般都以诚信侯尊称程婴。三国时期，程氏后裔程

程元谭——徽州程氏始祖

昱是曹操重要的谋士，被封为安乡侯。东晋初年，程昱七世孙程元谭出任新安太守。明代景泰二年（1451 年）歙县人程孟纂修的《新安程氏诸谱会通》中对程元谭的事迹有详细记载：

　　牧公次子也。为镇东军谋，晋王即位，遣周玘为会稽都尉，顾荣为豫章都尉，分兵定东土。大兴三年，新定、东阳、信安六郡底定，假节行新安太守。为人清洁敏达，谨畏四知，誉高千里，绥辑流民，疏通畎浍，教民孝悌，举俊逸于朝，歙民大悦，爱之若父母。永昌元年，代还，百姓遮道请留，卒不得发，诏褒嘉之。俄卒，帝闻为之震悼，赐子孙田宅于新安之歙县。娶东海徐进女，卒合葬城西十里牌驿路之傍。

　　可见，程元谭在东晋初年做过新安太守，政绩卓著，为当地

百姓爱戴，于是留居徽州，成为徽州程氏的始迁祖。有的程氏家谱，如弘治十八年（1482年）成书的《新安程氏统宗世谱》则称程元谭"为新安太守，有惠政，为民所请留，赐第郡之篁墩，家焉"。也就是说，程元谭一开始就是居住在篁墩的，其时间并不比黄氏晚。不过，真正使徽州程氏走向历史舞台，并使篁墩之名为世人所知，是程元谭的十三世孙程灵洗。

忠壮公程灵洗

程灵洗（514—568年），南朝梁陈时期人，也是传统正史——《二十四史》中有明确记载的第一个徽州人。唐代姚思廉所修《陈书》、李延寿所修《南史》中都有程灵洗及其子程文季的传记，这是徽州早期历史极为宝贵的记载：

> 程灵洗，字玄涤，新安海宁人也。少以勇力闻，日步行二百余里，便骑善游。梁末，海宁、黟、歙等县及鄱阳、宣城郡界多盗贼，近县苦之。灵洗素为乡里所畏伏，前后守长恒使召募少年，逐捕劫盗。侯景之乱，灵洗聚徒据黟、歙以拒景。景军据有新安，新安太守湘西乡侯萧隐奔依灵洗，灵洗奉以主盟。梁元帝于荆州承制，又遣使间道奉表。刘神茂自东阳建义拒贼，灵洗攻下新安，与神茂相应。元帝授持节、通直散骑常侍、都督新安郡诸军事、云麾将军、谯州刺史资，领新安太守，封巴丘县侯，邑五百户。神茂为景所破，景偏帅吕子荣进攻新安，灵洗退保黟、歙。及景败，子荣退走，灵洗复据新安。进军建德，擒贼帅赵桑乾。以功授持节、散骑常侍、都督青、冀二州诸军事、青州刺史，增邑并前一千户，将军、太守如故。仍令灵洗率所部下扬州，助王僧辩镇防。迁吴兴太守，未行，

僧辩命灵洗从侯瑱西援荆州。荆州陷，还都。高祖诛僧辩，灵洗率所领来援，其徒力战于石头西门，军不利，遣使招谕，久之乃降，高祖深义之。绍泰元年，授使持节、信武将军、兰陵太守，常侍如故，助防京口。及平徐嗣徽，灵洗有功，除南丹阳太守，封遂安县侯，增邑并前一千五百户，仍镇采石。随周文育西讨王琳，于沌口败绩，为琳所拘。明年，与侯安都等逃归。兼丹阳尹，出为高唐、太原二郡太守，仍镇南陵。迁太子左卫率。高祖崩，王琳前军东下，灵洗于南陵破之，虏其兵士，并获青龙十余乘。以功授持节、都督南豫州缘江诸军事、信武将军、南豫州刺史。侯瑱等败王琳于栅口，灵洗乘胜逐北，据有鲁山。征为左卫将军，余如故。天嘉四年，周迪重寇临川，以灵洗为都督，自鄱阳别道击之，迪又走山谷间。五年，迁中护军，常侍如故。出为使持节、都督郢、巴、武三州诸军事、宣毅将军、郢州刺史。废帝即位，进号云麾将军。华皎之反也，遣使招诱灵洗，灵洗斩皎使，以状闻。朝廷深嘉其忠，增其守备，给鼓吹一部，因推心待之，使其子文季领水军助防。是时周遣其将长胡公拓跋定率步骑二万助皎攻围灵洗，灵洗婴城固守。及皎退，乃出军蹑定，定不获济江，以其众降。因进攻周沔州，克之，擒其刺史裴宽。以功进号安西将军，改封重安县公，增邑并前二千户。灵洗性严急，御下甚苛刻，士卒有小罪，必以军法诛之，造次之间，便加捶挞，而号令分明，与士卒同甘苦，众亦以此依附。性好播植，躬勤耕稼，至于水陆所宜，刈获早晚，虽老农不能及也。伎妾无游手，并督之纺绩。至于散用赀财，亦弗俭吝。光大二年，卒于州，时年五十五。赠镇西将军、开府仪同三司，谥曰忠壮。太建四年，诏配享高祖庙庭。子文季嗣。

　　从上述记载中可以看出，程灵洗是梁朝末年侯景之乱时崛起的众多地方军事势力之一。侯景（503—552 年），本是北朝东魏丞相高欢帐下的大将，占有河南，手握重兵，在高欢死后反叛失败，投降梁武帝萧衍。侯景看到梁朝外强中干，萧衍年迈昏庸，于是在太清二年（548 年）九月起兵反梁，次年三月攻陷都城建康，后废梁自立为帝。侯景为人凶残，暴戾嗜杀，其军队所到之处杀人如麻，给江南各地带来巨大灾难。程灵洗在天下大乱的形势下，起兵抗拒侯景，保障了新安家乡，此后又归顺了梁武帝陈霸先，成为陈朝的开国功臣之一。程灵洗父子均为陈朝著名战将，军功赫赫，世袭公爵，地位极为尊贵。南宋时期，建都于杭州，距离徽州极近，为了笼络徽州人心，南宋统治者曾多次加封程灵洗，宋理宗宝祐五年（1257年）三月的封号达八字之多，称其为"忠烈显惠灵顺善应公"。

作为载入史册的第一个徽州人，程灵洗在程氏家族史上具有极为重要的地位，被后世子孙尊为"显祖"。由于程灵洗的谥号为"忠壮"，因此又被称为"忠壮公"。作为金戈铁马的军队统帅，程灵洗的事迹本来就具有传奇色彩，徽州人对他保卫家乡的感激，对程氏子孙的极度崇拜，随着时光的推移，逐渐附会出许多神奇的传说。唐代《歙州图经》中就记载了与程灵洗有关的一则故事。

歙州歙县黄墩湖，其湖有蜃，常为吕湖蜃所斗。湖之近村有程灵洗者，卓越不羁，好勇而善射，梦蜃化为道士告之曰："吾甚为吕湖蜃所厄，明日又来，君能助吾，必厚报。"灵洗遂问："何以自别？"道人曰："束白练者，吾也。"既异之。明日，与村人少年鼓噪于湖边。须臾，波涛涌激，声若雷霆，见二牛相驰，其一甚困而腹肚皆白。灵洗弯弓射之，正中后蜃，俄而水变为血，不知所之。其伤蜃遂归吕湖，未到而毙，后人名其死处为蜃滩，吕湖亦从此渐涨塞，今才余寻丈之广。居岁余，灵洗偶出，有一道人诣其母求食，食讫，曰："劳母设食，无以报之。今贫窭到此，当为求善墓地。"使母随行上山，以白石识其地，曰："葬此可以暴贵矣。"寻而灵洗还，母语之，灵洗驰求之，了无所见，遂迁葬于其所。后侯景作乱，率郡乡万余众保据新安，遂随陈武帝平贼，累有奇功，军中谓之"程虎"。及陈武受梁禅，灵洗以佐命功臣与周文昱、侯安都为"三杰"，如汉之萧、张焉。后官止丹阳尹。按，灵洗宅湖东二里，宅南有楮树，其大数十围，树有灵，今村人数有祈祷，其祝辞号为"千年树"，其墓在湖西北黄牢山下。

依据这段记载，程灵洗能够发迹，是因为他帮助篁墩湖神打败了吕湖之神，因此获得了厚报。如此神异的记载早在唐代就流传开了，说明唐代人眼中的程灵洗就已经相当神奇了。到了明代，附会出了更多的传说，篁墩有忠壮公遗迹十二处，具体包括：

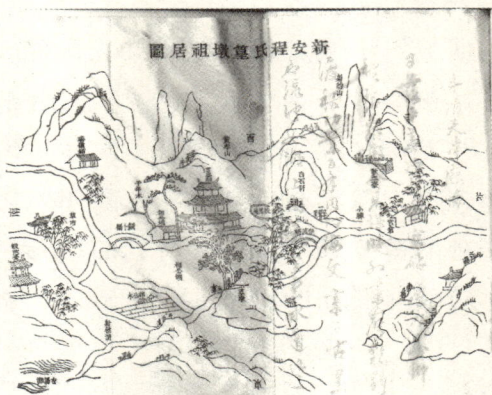

程灵洗篁墩十二遗迹图

射蜃湖，即篁墩湖。

白石阡，即篁墩湖指点程灵洗安葬祖墓之处。

相公木，即篁墩湖中的巨木，相传为程灵洗射蜃时所立棚木，凡人触之必有祸。

鼓吹台，程灵洗起兵抗拒侯景时，曾经率少年在湖上演练战术，相传风雨之夕，仍能听到战鼓声。

铧卜桥，程灵洗灭贼后散兵于农，曾经负铧入田耕作，正好朝廷诏命来到，程灵洗仓皇中以铧置水中朝廷占卜，其后当地建桥，故称为铧卜桥。

洗马池，程灵洗抗拒侯景后，在此洗马。

射的山，程灵洗起兵时曾抽矢射山，誓平侯景，故有此名。

歃血台，程灵洗与诸将歃盟处。

相公湖，程灵洗故居后来为河水冲没，陷入湖底，时常有大鱼出没，人不敢取，天气晴朗时还能看到水下有宫室。

千年木，程灵洗曾在墓旁种古树一株，至宋代犹存。

相公坛，程灵洗死后，当地人在千年木下建坛祭祀。

世忠庙，宋代建立的专门祭祀程灵洗的祠庙。

程氏家族在程灵洗之后世居篁墩，当地又有非常多的程氏遗迹，因此程氏子孙中很多人对"黄墩"之名不以为然。景泰年间，程孟在《新安程氏诸谱会通》中首次提出村名应该叫"篁墩"：

> 黄墩，或云篁墩，其地多产竹，故名，后因黄巢乱天下，所过杀戮甚多，独以黄者己姓故，凡姓氏州里山川但系黄名才辄兵不犯，当时衣冠亦尝有避地于此者，故改今字。其地在歙郡南三十五里驿路之傍，仁爱乡二十五都。程氏自东晋元潭公，子孙居此，而生忠壮公，为新安程氏祖居。

依据程孟的说法，由于当地多竹，所以村名本来是篁墩。后来黄巢军队进攻徽州，当地人为了避祸，将村名改为黄墩。依目前所见的资料，这是最早提到"篁墩"这个村名的古代文献。这个记载，为后来程敏政将村名正式改为"篁墩"提供了依据。

程敏政（1446—1497 年），休宁陪郭人。其父程信（1416—1473 年），正统七年（1442 年）进士出身，历任太仆卿、都察院左佥都御史、兵部侍郎、南京兵部尚书，在抵抗瓦剌入侵和镇压川南少数民族起义中均立有战功，卒赠太子少保，谥襄毅。程敏政本人早慧，有神童之誉，10 岁时受景泰皇帝召见，面试以圣节及瑞雪诗并经义各一篇，援笔立就，诏读书翰林院。大学士、首辅李贤器重其人，把女儿嫁给他。22 岁时，程敏政中成化二年（1466 年）进士一甲二名（榜眼），授翰林院编修，不久升左春坊左谕德，侍皇太子（即后来的明孝宗）讲读。程敏政少年得志，既是名臣之子，又是太子的师傅，因此望重一时。成化十四年（1478 年）冬，程敏政回家乡祭祖，在祭拜程灵洗之后，将村名更改为篁墩，遍告当世缙绅，大学士谢迁等皆为诗文以纪其事，程敏政遂编成《篁墩录》一书，刊行于世。程敏政后以篁墩自号，所著文集亦定名《篁墩文集》。

程敏政更改村名，依据何在？他曾写过一篇《篁墩书舍记》专门解释过这件事：

> 程之先望北方，至讳元谭者从晋南渡，守新安，有治迹，受代，为民所请留，蒙赐第郡之黄墩，子孙因留居焉。其十二叶云麾将军忠壮公灵洗，以布衣起义兵御侯景，土人德其全郡之功，亦祀于黄墩。宋号其庙曰"世忠"，其胤愈盛，故凡新安之程皆祖太守、宗忠壮，且号黄墩程氏。予家亦出黄墩，而考诸谱及郡志莫知墩之所以名者。近得一说云："黄墩之黄本篁字，以其地多产竹，故名。至黄巢之乱，所过无噍类，独以黄为己姓，凡州里山川以黄名者辄敛兵不犯，程之避地于此者因更篁为黄，以求免祸，岁久而习焉。"予独嘅夫循吏忠臣赐第庙食之所而污于僭乱之姓七百余年，卒无觉其非者，因大书"篁墩"二字揭诸故庐，且借重于作者一言，使后世知此地之获复旧名自予始云。

程敏政这个说法显然借鉴了程孟的旧说，但将原来程氏家谱中的言词公之于世，正式更改村名，并大肆宣扬，确实是从程敏政开始的。程敏政后来担任礼部右侍郎，去世后追赠礼部尚书。他学识宏富，著述甚多，传世的尚有《明文衡》《篁墩文集》《新安文献志》《休宁志》《咏史诗》《宋遗民录》《唐氏三先生集》《真西山先生心经附注》《仪礼逸经》《大学重订本》《胡子知言》《苏氏祷机》等近二十种，五百余卷。作为明代中

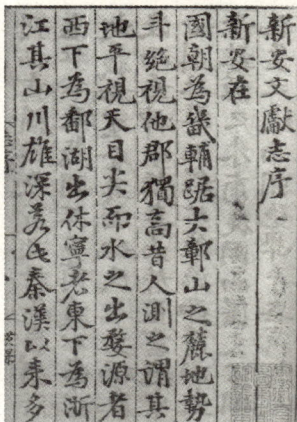

程敏政手迹

期著名的学者、文学家，在当时就有"天下文章程敏政"之誉。

清代《四库全书》纂修者对程敏政评价也很高："明之中叶，士大夫侈谈性命，其病日流于空疏，敏政独以雄才博学，挺出一时，为一时之硕学。"因此，凭借程敏政的地位和影响，篁墩之名为天下所知。从弘治十五年（1502年）的《徽州府志》开始，徽州府县志和大量的公私著述中，都用篁墩之名，而黄墩这个名称的影响则越来越小了。演变至今，篁墩，而不是黄墩，成了正式的村名。

除程黄二族之外，使篁墩获得特殊地位的另一个重要家族是徽州朱氏。据朱氏家谱记载，朱氏出于颛顼第九子卷章。周武王伐纣灭商，分封古代帝王之后，卷章的后裔曹侠受封于邾（今山东邹县）。战国时期，邾国被楚国所灭，后裔逃难到沛（今江苏沛县），改姓朱氏。汉代，朱氏渡江南下至吴郡（今江苏苏州），逐渐发展成为江南的大族。唐朝末年，殿中丞朱师古迁居篁墩，

今日篁墩

成为徽州朱氏始迁祖。据成书宋代的《朱氏源流》记载：

师古，唐僖宗朝乾符五年戊戌，因黄巢作乱，乃奉祖父自金陵避歊之黄墩焉。其长子古训，名珉，为南唐幕下将，又徙金陵。次子古僚，名瓘，因陶雅公命，领后三千镇戍婺源，为制置茶院，遂家长田。三子古祝，名璋，居婺源香田。四子古祐，名"左王右革"，军总管，任休阳，

卜基隔山。新安之有朱氏自此始。

　　依据朱氏家谱所叙，朱师古迁居篁墩后，他的四个儿子中除长子迁回金陵（今南京）外，其余三子皆在徽州居住。次子朱瓌迁居婺源，后世尊称为"茶院府君"，他就是理学宗师朱熹的祖先。篁墩在后世的特殊地位，与朱熹有着莫大的关系。

三、徽州宗族迁徙的圣地

（一）徽州宗族迁徙"篁墩传说"概况

在前面的叙述中，已经提到篁墩是徽州黄、程、朱三大宗族的始迁地，但翻开徽州各宗族的家谱，除前述三大宗族之外，提及祖宗迁居篁墩的可以说不胜枚举。而这些迁居篁墩的宗族在其后又纷纷迁往徽州各地，并从徽州各地迁往江南各地，从而形成了徽州宗族迁徙史上独具一格的"篁墩传说"，更成为中国移民史上一道独特的风景线。因此，篁墩不仅仅是二程与朱熹的祖居地，还是徽州宗族迁徙的圣地！

中原世家大族进入徽州的过程中，究竟有多少是从篁墩迁徙的？回答这个问题，需要掌握充分的资料。徽州是典型的宗族社

清康熙刻本《新安大族志》

会，家谱编纂十分发达，存世的徽州家谱在 2000 种以上，可谓汗牛充栋，难以一一检阅。幸运的是，徽州除了各姓单独纂修的家谱之外，还有总括徽州各个宗族的氏族志，为后人从总体上掌握徽州宗族的概况提供了可能。目前能看到的徽州氏族志有三

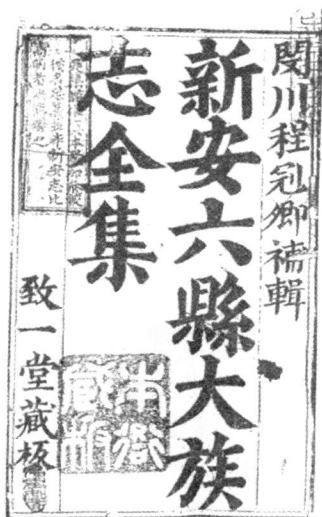

种：元代陈栎编纂的《新安大族志》；明代嘉靖年间，戴廷明、程尚宽等编纂的《新安名族志》；明代崇祯年间，曹嗣轩编纂的《休宁名族志》。其中，《新安大族志》成书较早，体例简单，内容也比较单薄，难以看出全貌，而《休宁名族志》只反映了休宁一县的宗族状况，只有《新安名族志》囊括徽州六县，内容也十分丰富，是徽州宗族社会的经典文献。《新安名族志》一书中收集了徽州九十余个宗族的资料，依据这部书，可以将徽州各宗族历史上有过迁居篁墩的记载列表如下：

徽州宗族篁墩迁居表

宗族	迁徽时间	关于迁居篁墩的记载
程	晋永嘉年间 （307—312 年）	普之后曰元谭，当永嘉之乱，佐琅玡王起建业，为新安太守，有善政，民请留之，赐第于郡西之黄墩，遂世居焉
俞	唐广明年间 （880 年）	先世曰昌，由黄墩迁长田
余（黟县城西派）	宋绍兴五年 （1135 年）	系出宋宰辅端礼之子曰荣，居浙江衢州西安县，任徽州太守，因籍居歙之黄墩
黄	晋永嘉年间	晋有讳积者为考功员外郎，从元帝渡江，任新安太守，卒葬郡西姚家墩。积生寻，庐于墓，遂家焉，改曰"黄墩"
查	唐乾符年间 （874—879 年）	唐有师诣者，乾符间避巢乱，复徙歙之黄墩
胡（婺源清华派）	唐僖宗时 （874—887 年）	历传曰瞳者，宦寓宣徽，家于新安黄墩
张（休宁杭溪派）	唐广明年间	八世曰舟，避巢乱迁黄墩
张（婺源甲路派）	唐乾符年间	其先曰保望者，侍其父仁公，隐绩溪吴楚山，乾符间避巢乱又居黄墩
陈（祁门石墅派）	唐广明年间	其先曰秀者，唐僖宗朝避广明乱，自桐庐迁歙之黄墩

（续表）

宗族	迁徽时间	关于迁居篁墩的记载
吴（休宁大溪派）	唐广明年间	曰德裕避巢寇由篁墩始迁于此
叶（婺源中平派）	唐僖宗时	其先曰徙者，避巢乱居歙之黄墩
朱	唐僖宗时	曰师古者，避巢乱，由姑苏始迁歙之黄墩
戴	唐僖宗时	曰燮，从琅玡王渡江，居金陵小蔓村，唐末避巢乱，迁歙黄墩
周（婺源下槎派）	唐僖宗时	因巢乱，有武功忠节子曰周，避歙之黄墩
江（萧江氏）	唐广明年间	宰相遘子曰祯，广明间避巢乱，徙歙黄墩
梅	唐僖宗时	仲义后曰思忠，因巢乱居歙黄墩
康	唐僖宗时	唐有讳先者避乱居歙之黄墩
曹（歙县雄村派）	唐僖宗时	唐季曰全晸者因诛黄巢授江西招讨使，长子七伯岩将曰翊，次子八伯承节曰翔，同灵洗程公孙诛巢于歙之黄墩，翊阵亡，翔遂家焉
王（武口王氏）	唐僖宗时	（王仲舒）夫人李氏携七子居宣州船莲塘，因巢乱，居歙黄墩
吕（歙县李村派）	唐广明年间	八世曰若仁，广明庚子因巢乱迁黄墩
毕	唐乾符年间	师远公唐乾符间调歙州中散大夫、金书判事，黄巢乱世，遂居黄墩
潘	唐广明年间	一世祖逢辰，唐广明间上书阙下，不报，黄巢乱，避地黄墩
顾	唐僖宗时	文森任宣歙节度使，收巢贼有功，居黄墩
施	唐僖宗时	蟇仕唐为通明殿朝请大夫，避巢乱迁歙黄墩
韩	唐僖宗时	有讳恩者知池湖二州事，避黄巢居黄墩
齐	唐乾符年间	唐乾符六年曰亮者，始居歙之黄墩

依上表，可以归纳出徽州宗族篁墩迁徙传说的基本特点：

1. 普遍性。由上表可知，截止到嘉靖年间，共有 25 个名族有入徽州时迁居篁墩的记载，在《名族志》90 个名族中占 28%，

025

比例已相当可观。考虑到《名族志》中邓氏等五族有姓无志，夏、陆等 21 个宗族只有一条记载，若将这些处于名族边缘的宗族排除出去，此比例当更高。徽州向来有以程、汪、吴、黄、胡、王、李、方为"徽州八大姓"的说法，或再加上洪、余、鲍、戴、曹、江、孙为"新安十五姓"。以此观之，则八大姓中有五姓、十五姓中有八姓皆出自篁墩。有些宗族，例如许氏、李

明嘉靖刻本《新安名族志》

氏等，家谱中也有迁居篁墩的记载，但由于种种原因未被记入《新安名族志》，将这些宗族加入进去，则有篁墩传说的宗族数量会更多。因此，篁墩传说确实是徽州宗族迁徙史上具有普遍性的现象。

2. 除程、黄、余三族之外，其他各族皆为唐末黄巢起义时迁居篁墩。其中绝大部分是为躲避战乱，但有的宗族如顾氏、曹氏曾经同黄巢作战过，曹氏宗族的祖先甚至曾经"诛巢于歙之黄墩"，反映出众多宗族迁居篁墩与黄巢起义之间有密切关系。

3. 这 20 个宗族中，除吕氏在该地居住达十代始迁出外，其他各族很快迁出到徽州各地，时间长的不过三代，短的只有一两年，甚至几个月。对这些宗族来说，篁墩与其说是可以久居的"风水宝地"，不如说是进入徽州的"中转站"。此种现象，也非常耐人寻味。

在上述众多的宗族中，黄、程两大姓迁居篁墩最早，都在西晋末年。本书在前篇的叙述中也提到了黄、程两大族与篁墩的关系，特别是对两大族与篁墩地名演变之间的关系作过较多的叙述，但是这两大族与篁墩的关系绝不仅仅局限于此，本篇将从

徽州

026

黄、程两大族开始，介绍徽州各宗族篁墩迁徙传说的详细状况。

今日篁墩

027

（二）徽州宗族篁墩迁徙历程

1. 黄氏

在前篇的叙述中，已经提到了徽州黄氏迁居篁墩的若干经过。从存世的家谱来看，徽州黄氏对祖先迁居历程有某些分歧，但都一致承认晋代新安太守黄积迁居篁墩，为徽州黄氏始迁祖，当然，黄氏家谱通常称为"黄墩"。各派家谱中往往都有一篇题为"散骑常侍都亭侯陶瞻撰文，竟陵郡太守李阳题盖，监军部将李根书丹"的《新安太守黄君积墓碑铭》，记载了黄积一生的主要事迹，全文如下：

公讳积，字元集，先世江夏人，汉邟乡侯琼之裔孙，今部将期季弟也。累叶牧守，印绶典据，十有余人，皆德任其位，名丰其爵，是故宠禄

传于历世，策勋著于王室。君钟其美，受性渊懿，含和履仁，治诗书，兼
览群籍，靡不寻畅。州郡更请，屈己匡君，为主簿、督邮，入为考功员外
郎，所在执宪，弹绳纠枉，忠洁清肃，进退以礼，允道笃爱，先人后己，
克让有终，察孝必行，寻为祭酒。上歆其德，于招俯就，羔羊在公，四府
归高。国家东祚，擢君为新安太守。到官正席，流恩褒善，纠奸示恶，旬
月化行，风俗改易。轓轩与辔，飞跃临津，不日不月。皓天不吊，歼此良
人，以事诖误，卒官，呜呼痛哉！臣隶辟踊，悲动左右，百姓号咷，若丧
考妣。咳孤喷泣，忉怛伤摧，勒铭金石，惟以告哀：

　　于穆皇祖，天挺英特。佐时理物，绍纵先轨。积德勤约，燕于孙子。
君之群戚，并时繁祉。明明君德，令闻不已。高山景行，慕前贤列。庶同
如兰，意愿未止。中遭冤天，不终其纪。凤世贾祚，早丧懿美。抱器幽
潜，永归高里。痛矣如之，行路感动。傥魂有灵，垂后不朽！

　　依据该碑和家谱中的其他一些资料，黄积生于西晋太康元年
（280 年），去世于建元十年（344 年）。碑中称黄积在新安太守
任上非常有政绩，但从"皓天不吊，歼此良人，以事诖误，卒
官"的叙述来看，黄积似乎是罹罪而死的。但是，对这个记载，
徽州黄氏中有的支派，如歙县潭渡的黄氏，认为属于伪造，其家
谱中不予采纳。

　　徽州家谱对黄积之后的世系和支派有一定的分歧。各种家谱
中比较有代表性、影响较大的是两种：一种是明代弘治年间的
《新安黄氏会通谱》，另一种是明代嘉靖年间的《新安黄氏左田
正宗谱》。

　　在正宗谱和会通谱中，唐代晚期的祁门县尉黄仪都是非常重
要的人物，大多数黄氏支派都是他的后裔。正宗谱是祁门黄氏出
面修的，对黄仪的地位更为重视，因此才会在谱名中加入"左
田"二字。正宗谱中还有一篇赵孟頫写的《县尉黄公仪传》，由
于会通谱没有这篇传记，因此是非常珍贵的资料：

　　有养者择山水以涵情，超尘者明道以兴众，盖皆识时达务，明心见

性，诚非世态之所能羁，亦非塌草者之所能测者也，是故孝子有言曰："智者作之，庸者趋焉。君子履之，后人仰焉。"噫，趋而得为易，力作而履者曾易能耶？公讳仪，字元和，歙之黄墩人，廼太守元集公十五世孙，吏部左侍郎损公之子也，幼颖悟，艺春秋，初尉绩溪，复尉青阳，大历丁未又转尉阊门，相山川之宜而卜居于左田焉，殆为肇创之始祖也。公居官清慎，推惠爱民，尝曰："军在练兵，将在历苦，此大将

明弘治版黄氏会通谱

行兵之道。"而公尝自诵以致劝焉者也。后果寇平，民悦公之志气勇有如是。夫自公肇居左田之后，贤良代毓，贞德世宁，良由涵情兴众之所致也。迄今芬枝丽派，每以时而祭拜者，皆推感于无穷。公娶绩溪丁源洞汪氏，淑懿内助，生男益逊益光益谦益让，非惟缵芳声于不匮，尤更著丕绩于奕世者焉。孰谓不自卜居种德始哉。吾致君之余，每闻诵公，有啧啧于不置者，故述实以传之。

后世的徽州黄氏家谱，大致上是依据上述两种家谱展开叙述的，至于依据哪一种，要看历史渊源和现实联系。从数量上看，大致是对半的。大体上歙县、休宁一带的黄氏依据会通谱的较多，而祁门、婺源一带的黄氏依据正宗谱的较多。当然也有例外，休宁古林的黄氏家谱就是依据正宗谱的。

2. 程氏

徽州程氏通常以东晋初年新安太守程元谭为迁居徽州的始祖，南朝梁陈时期的程灵洗由于功勋卓著，在程氏宗族史上的地位也非常重要，家谱中一般尊称为"显祖"。徽州程氏家谱纂修的历史非常悠久，今天徽州程氏家谱中一般都有一篇唐代末年程淘所撰的《程氏世谱序》，提及了程氏家族世居篁墩，在唐末大

029

乱中逃难迁徙的历史：

　　淘生不幸，逢时多故，出入兵甲之间，不知义方，永怀先人遗泽。及淘之身，泯泯如此，每每念及，未尝不枕戈涕泣，思见四海乂安，何太平之不易得，死亡冉冉而相迫也已矣。行年七十，位不过岩将，兵不能制邻封，控于纵横之诸侯，因以攘剽之残寇，长安何在？指日下以悼心；剑岭未通，望栈阁而饮血。有志不遂，抚楮何言？重念先世旧茔，鞠为荆棘；故相东阁，反成营场。平时邻里乡党之人，半是枭狐魍魉之物。死者郊原暴骨，生者岩穴藏身。屋漏田芜，见鹿已游于町疃，军需兵饷，驱民未免于租庸。无日不兵，无时不火。顾奔迫之不暇，岂简编之或收？由是谱牒旧书，几于灰烬。既无路以报国，复何意以辱先？聊因战守之余，漫缉世次之序。自淘而上，止忠壮公，凡十三世，世居黄墩。乾符五年，岁在戊戌，端午日，黄巢别部入黄墩，淘之族人逃难解散，贼众遂营本宅，攻劫川谷，荡涤殆尽。至仲秋初，黄巢收所部犯阙。于时清跸无声，鸾旗失色。行幸万里，自同天宝之游；负乘九重，更甚贞元之僭。淘与兄沄思世故之殷，共谋存活之计。其后大盗移国，方镇勤王，甫及一年，李克用、朱温收复长安，所在州县，户口减耗，其曾经巢贼经过，则又甚焉。自从贼后，山落老稚稍归乡社，兄沄遂于众曰："黄巢虽没，蠹气未除，天未悔祸，饥馑荐臻，以沄度之，不及息肩矣。一旦如有犬吠之惊，吾属凋瘵之余，岂有噍类？"众皆泣曰："其将若之何？"沄曰："盍相与依山阻险以自安，无事则耕织，以供伏腊，仓卒则修战具以相庇卫，今乡里虽残破，然诸君少年，一心可图也。"众皆许诺。于是推沄为岩将，依东密山为寨，众不过四百余人。未几，草寇毕鹕、杨先童、李重霸、孙端、查皋、陈儒、范珠相继而来，众或一、二千，多或四、五万。光启元年闰月三日，陈儒自黎阳引兵逼东密，自午及酉接战，再四不克而去。时邻近岩寨，悉皆破亡，独沄率励乡里，抚以尽道，故能得人之情，虽甚疲敝，战皆备力。沄既拥众，以谓所在皆为贼守，俱非王人，独立以待，无所款附，他部贼兵皆相畏惮。景福二年，杨太尉行密遣将田頵略地，列郡皆下，惟沄坚壁东密山，頵遣人谕之曰："太尉已受朝命，都督东南行营，今日頵来，非是贼也。"沄再拜对曰:"所以自保者,不欲以三百年太平民,坐为贼虏尔,审如公言,吾复何求,司空可得见乎?"颙因单骑入岩,沄具军容甚肃。颙曰:"卿真将种耶!"沄曰:"司空见淮南太尉,幸为沄言,但得太尉府中一亲信人至,相与共事,钱氏在吴越不足虑也。"会杨太尉有孙儒之蘖,未果,从沄所请,即表陶仆射雅知歙州,奏沄为歙州副兵马统帅、检校御史中丞,依前东密岩将,兼领马金岭防拓等事,以衙内都押衙程阵为副。由是兵声大振,降富昨、黔山、容山、丁山等岩寨,戈甲旗物于是始备。久之,沄已老,乞解兵权,仍请以岩兵付程阵。俄而,本府以衙内副指挥使程言来领后事。沄归府,病卒。月余,程言果与程阵相陵,岩兵不辑,陶仆射大惧,盖歙州连接浙境,最依东密以为藩障故也。府咨议陶映言于仆射曰:"程沄久帅东密,人情所归,今其弟淘亦足谋略,可更以东密授之。"于是表淘为东密岩将。淘即至,众皆相悦,淘无他长,所守者先兄规略而已。每阅兵帐及户田版籍,见流亡者无算,所存不满二百户,每岁又纳租税及峙糒粮刍草之积,军需调发,科率百出,因窃叹曰:"后人逢时无虞,体胖心佚,岂识向上辛苦如是耶? 更有不怀厌满,非上念乱之者,诚何人哉?"故因辑家谱之次,聊书以示子孙云。

据程淘谱序,从程灵洗开始,程氏家族十三世"世居黄墩",但在唐朝末年黄巢大起义时,篁墩程氏家族遭到了严重冲击,"逃难解散",四出外迁。程沄、程淘兄弟在大乱中纠集乡兵,自立营寨,最终归附杨行密,成为徽州当时重要的地方势力之一。程淘纂修的家谱定名为《程氏世谱》,很可惜没有流传下来,但这篇保存在后世家谱中的序言成为了解篁墩程氏历史和迁徙缘由的非常宝贵的资料。

程氏家谱在宋代有很多纂修记录,比较有名的如歙县人程璇、程承议,黟县人程森,祁门人程复,浮梁人程祁等。其中程祁依据各派旧谱,加上图经史传等传世文献和里老访谈的口述资料,经过从熙宁十年(1077 年)至绍圣二年(1095 年)近二十年的长期努力,最终得以编成《程氏世谱》三十卷。程祁之谱在后世家谱中得到了广泛的沿用和普遍的尊重，即便是以攻击程祁谱著称的程敏政，也承认程祁"著世谱三十卷，程氏宗之"，"盖自宋以来凡程氏之有谱者必以此为按，本之者进以为是，不本之者斥以为非，其说之得行于一宗如此"，足见该谱在徽州程氏家谱纂修史中具有里程碑般的地位。程祁的家谱没有能够流传至今，但其主体内容保存在后来的家谱中，为后世徽州程氏家谱纂修奠定了基础。

景泰二年（1451年），歙县槐塘人程孟在程祁之谱的基础上纂成《新安程氏诸谱会通》。程孟（1399—1465年），字文贵，号槐濒，歙县槐塘人。程孟系出名门，为宋宰相程元凤六世孙，家藏文献丰富，自青年时即以家谱自任，宣德年间续修槐塘本宗谱，其后遍走各宗，访求遗编，曾自述其经过云：

宣德三年十月续本宗谱，诣绩溪仁里程以易宅，宣德八年八月再诣，搜录诚信侯、忠壮公事实。

正统九年，诣休宁率滨程斯义宅，搜录程氏家世文翰，明年《世忠事实》刊成。

正统十三年正月，诣休宁汉口会谱，不遇；诣山斗程存信宅，各宅延留十日。

景泰元年正月，往婺源城东程孟宅、城西程希道宅，两处延留二十余日；诣龙首山程士仪等宅，留半月；环溪程思武、思鏦等宅，留一月；彰睦、香田、株村、港源各宅，共留半月；龙陂程复初以谱至文公阙里会。是年四月，诣休宁芳干程翌宣等宅，留二十余日。六月，诣祁门善和程景华等宅，留一月。未至先三日，浮梁兴田锦里程山诸公在彼，敷物重创桐林院、尚书公祠，出示谱书，云彼派与善和亦有八十年不会，兹焉邂逅，非偶然也，复以先世所受制诰及文翰誊写附刊。

其余年月不等，诣前坦、岑山渡、洁湖、大程村、黄山汤口，录其支派，各派以谱来会者今不尽列。

可见程孟为修成此谱，曾经历尽艰辛，这是对唐末至明代早

新安程氏诸谱会通

期程氏家谱纂修活动的一次总结。这部会通谱，据程敏政所述，为五十卷，另有外谱五卷，但目前没有这样的本子存世，已知国家图书馆、上海图书馆等处藏有清代和民国年间的抄本，均作程氏世谱八卷、新安程氏诸谱会通六卷，另有各派续谱附后，不分卷。程孟会通谱是目前能见到的最早的统会程氏各派的家谱，其宗旨是会各派而通之，将原先分散的各派支谱，参互考订，汇合成整个徽州程氏的大型统宗谱，以共同的始祖为中心，加强各派的联系，以明人伦而厚风俗，最终达到尊祖、敬宗、睦族的效果。

程孟的会通谱在后世也受到了程氏内部某些人的质疑，并有过一些新体系的家谱传世，其中最著名的是成化十八年（1482年）程敏政编纂的《新安程氏统宗世谱》，不过后世程氏家谱中基本上还是遵循程孟会通谱的。依据会通谱，徽州程氏从程元谭开始，经过程灵洗至唐代末年的从东晋至唐末五代的传承世系，可列如下图：

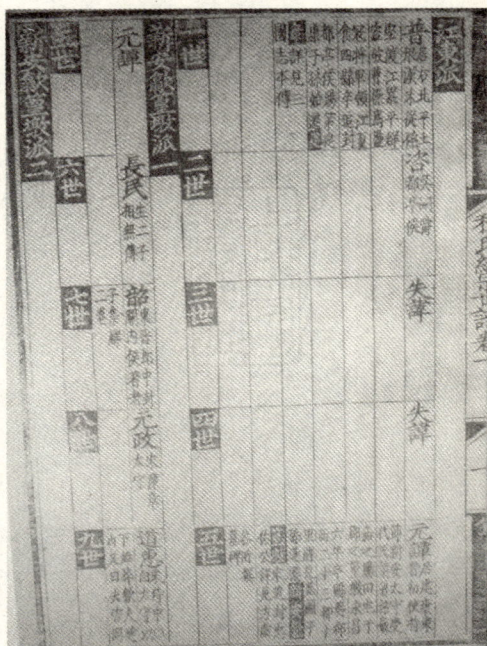

程敏政《新安程氏统宗谱》

  在上述世系图中，从第一世程元谭至第二十七世的程珍等，都是世居篁墩的，第二十八世之后则开始纷纷迁出篁墩。谱中程元谭至第二十五世程行褒基本上是单传，中间就算有旁系也非常微弱。程行褒之后的分迁支派极为繁复，行褒四子谅、幹、纂、翰，纂公四子琼、璿、珍、璃，珍公八子洎、泟、浑、泽、沄、湘、淘、汾，构成了徽州程氏的主流派系，徽州程氏各派一般都是从上述世系图中延续出本派所属的世系。以下对行褒之后篁墩程氏的迁徙情况略作介绍。

  第二十五世：

  行褒，字谷神，昔范第三子。世乱家贫，不能调官，仕本郡为典籖参军，享年七十有二，卒葬远富村，生四子，曰谅、曰幹、曰纂、曰翰。

  第二十六世：

琼，行褒长子，其孙沈迁居苏州。

幹，行褒次子，其后裔迁居乐平、开化、德兴等地，主要在今江西东北部。

纂，行褒三子，字思袭，号逍遥子，曾经注过老子《道德经》、列子《冲虚经》，淡泊明世，享年九十一，生四子琼、璠、珍、璊。

翰，行褒四子，其孙饶迁居婺源周溪。

第二十七世：

琼，纂公长子，曾任指挥使，生二子嵩、鉴。嵩迁居宣城，鉴的后裔迁居休宁草市、由溪等地。

璠，纂公次子，字政观，生二子诜、谓，其后裔迁居休宁古塘、衮山等地。

珍，纂公三子，字席儒。少喜任侠，有膂力。年长后折节读书，通《左氏春秋》、《战国策》。时天下瓦解，每有"不遇真主"之叹。高骈镇淮海，周宝镇浙西，皆备礼招命，竟不至。生八子：洎、沘、浑、泽、沄、湘、淘、汾。珍公之后是徽州程氏最大的主流派。

璊，纂公四子，其次子峄迁居河北中山，是程颢、程颐兄弟的远祖。

第二十八世：

洎，珍公长子，其后裔迁居江西景德镇。

沘，珍公次子，迁居休宁新屯，生二子：盈、旭。其后裔迁居休宁塘尾、率口。

浑，珍公三子，其后裔迁居歙县虹梁。

泽，珍公四子，其后裔迁居休宁会里。

沄，珍公五子，字仁功，唐乾符景福中为东密岩将，捍寇有功，太尉杨行密、仆射陶雅奏授歙州兵马统帅，其后裔为数最多，祁门善和、休宁古城、陪郭、汉口、绩溪程里等地的程氏都是他的后裔。

湘，珍公六子，事歙府，多次与吴越兵交战，有功。龙纪中，授捡校工部尚书，迁居婺源，婺源境内的程氏主要他的后裔。

淘，珍公七子，字南金，官至检校国子祭酒，代兄沄为东密岩将，唐昭宗初年卒，其后裔迁居开化龙山。

汾，珍公八子，字季及，始居休宁方源。天祐四年，为郡助防驱使，遂挈家迁歙县之河西，歙县境内的程氏主要是他的后裔。

3. 汪氏

汪氏是徽州最大的一族，其族派之盛，早在宋代即有"十姓九汪"之称。关于徽州汪氏的来历，据说春秋时期鲁成公有一子，受封为颍川侯。颍川侯名汪，后世子孙遂以汪为姓。至于颍川侯之后的历代源流，汪氏历代均有族谱叙述。存世徽州汪氏家谱最早的是元代泰定三年（1326年）休宁石田人汪松寿纂修的《汪氏渊源录》，关于这部家谱的纂修情况，汪松寿在序文中有说明：

> 汪氏旧谱，自始祖颍川侯至叔和凡五十二代，代录名字婚宦，叙祖墓一篇，叙支派一篇，汪旭表一篇，唐族望敕一篇，共为一帙，历代相传授本末大抵可考。三十四代前经晋时汪旭所录，五十二代止为唐世志高所传，年代永积，简编断错，销逸兼之，递相传写，字读讹阙，乱误失真，亥豕鲁鱼，孰原画迹？金根杜若，莫辨由来，接牒惘然，至于掩卷。仆夙病其故，思欲厘茸，而宦学东西，因循未暇。泰定乙丑春，宗人阅家录，创为新谱，辄改旧编，至弃吾祖铁佛，窜属旁支，余既驰书白其缪冒，遂取家藏旧谱补其遗绝，究其讹杂，循名征实，即事引时，通为注释，其有不类不同，率从删正，续以代表，聚系亲族之蕃，较之画图，事尤简白。于是推明姓氏之源，叙赞谱书之旨，辟汪野、汪芒之谩误，决平阳阳夏之钩戆，最集名贤，条陈支裔，虽族散万

汪氏得姓始祖颍川侯

途，而宗归一本，视今秦越，于古为亲，稽牒则同，明伦不远。编帙既成，号为汪氏渊源录。所愧独学孤陋，贫无蓄书，或兹录有遗，推考舛凿，冀后之人旁求精覈，补附于兹。

汪松寿修谱依据的是石田汪氏（自休宁旃城分迁）所传旧谱，相传出自唐代汪世高，加以考订辩证、旁征博引而完成。该谱前有泰定三年（1326年）廉希贡所作的序。正文共八卷，第一卷为叙谱、原姓、谱论、周鲁叙系、汪字说、汪芒辨、平阳辨、颍川辨、平阳后辩；第二卷为晋汪旭上旧谱表、旧谱叙祖墓、旧谱叙支派、旧谱唐族望敕；第三卷为五十二代旧谱，相当于总谱；第四、五卷为续谱、代表、支始图，相当于各派支谱；第六、七卷详记旃城派；第八、九卷为辞源集，相当于后世家谱中的文翰；第十卷为古今地图、唐越国公告、唐白渠府统军告，并附有后序和字音。《汪氏渊源录》既包括汪氏自得姓以来至唐代早期五十二代的总谱，又包括了歙县唐模、婺源大畈、休宁西门、黟县黄陂等强宗大派的始迁祖及其下若干代的世系，已经具备了统宗谱的雏形。《汪氏渊源录》的影响

明正德刻本《汪氏渊源录》

很大，不但汪氏修谱时奉为圭臬，元代以后其他各姓修谱时亦往往参考其体例，其原姓、谱论两篇甚至为他姓略加修改后载入本姓家谱。明洪武十五年（1382年），婺源浯溪（自大畈分迁）汪叡依大畈汪氏旧谱，参考渊源录，重编新谱，其后汪斌、汪回等相继纂修。正德三年（1508年），汪叡玄孙汪奎再次重修，以汪华及其八子为纲，收录一百六十五个支派，成为规模较大的统宗

谱。隆庆四年（1570年），浯溪汪湘统合各派，纂成《汪氏统宗谱》一百七十二卷，收录七百余派，是徽州家谱中空前未有的巨型统宗谱。汪湘修谱时，各派对收录支系有不同的看法，次年汪云程等人纂成《汪氏统宗正脉》二十八卷，所收支派远较汪湘谱为少。清乾隆九年（1744年），弋阳曹溪派汪来青在汪云程谱基础上续修正脉谱二十八卷。乾隆四十年、五十二年，汪玑在汪湘谱基础上续修成《汪氏通宗世谱》一百四十卷。至于明清时期汪氏各派支谱的纂修，则数不胜数，难以枚举。

依据《汪氏渊源录》所叙，第三十二代文和是承前启后的重要人物。据家谱记载，文和为人多智谋，汉献帝中平间打败黄巾军，为龙骧将军。建安二年（197年），因为中原大乱，文和南渡江，孙策表授会稽县令。建安十三年（208年），孙权遣中郎将贺齐平定黟歙，文和遂迁家于歙，他是汪氏由北而南进入徽州的始迁祖。而真正将徽州汪氏推向鼎盛的则是四十四世汪世华，即汪华。

汪华（589—648年），绩溪人，是隋末大乱时起兵的群雄之一，也是徽州历史上影响最大的人物之一，其重要性较之程灵洗有过之而无不及，后世徽州志书亦多以程忠壮、汪越国并称。据唐代与北宋年间的史书记载，汪华在隋大业七年（611年）起兵，自称吴王。武德四年（621年）九月，汪华投降唐朝，曾拜为歙州总管，封越国公。汪华虽然在正史中没有专门传记，但在明清时期由国家统一纂修的地方志中都有记载。明天顺年间，《大明一统志》称：

> 汪华，绩溪人。少以勇侠闻，隋末兵乱，以土豪应郡募，保据郡境，并有宣、杭、睦、婺、饶五州，建号吴王。唐武德间籍土地兵民纳款，高祖授以总管歙、宣、杭、睦、饶、婺六州军事、歙州刺史，封越国公。郡人十姓九汪，皆华之后。

清乾隆年间，《大清一统志》称：

汪华，歙人。大业之乱，应募平婺源寇有功，郡人请摄刺史，以镇一方。既而宣、杭、睦、婺、饶等州相继皆下，部内赖以平安者十余年。武德四年，籍土地民兵表于唐，封越国公。后薨于长安，诸子以丧还。

由于汪华在战乱不已的环境下保证了徽州一方平安，后来又及时归顺，避免了一场可能发生的大战，对徽州贡献极大，因此徽州民间对他的评价一直都很高。汪华去世后不久，故乡即为其建祠崇祀，唐代大历、元和、中和年间，地方政府屡有兴建。宋真宗大中祥符二年（1009 年）二月，歙州知州方演上奏请求追封汪华，其奏请被朝廷所准，追封汪华为灵惠公，正式列入国家祀典。宋徽宗政和四年（1114 年）三月，为汪华赐庙号忠显，七年十二月加封为英济王。宣和四年（1122 年）六月，镇压方腊起义之后，因汪华有"阴助"之功，加封显灵英济王。南宋国势较北宋更为衰弱，徽州又是京城杭州上游的畿辅重地，统治者加紧笼络徽州人心，其重要措施之一即是加封汪华。孝宗、宁宗、理宗与恭帝皆有加封诰敕，至恭帝时，汪华的封号有八字之多，为昭忠广仁武神英圣王。南宋朝廷还追封汪华之妻为夫人，其诸子皆封为公。汪华在元、明、清三代仍是列于国家祀典的神灵。元至正元年（1341 年）闰五月，元顺帝改封汪华为昭忠广仁武烈灵显王。清代咸丰八年（1858 年），清军在镇压太平天国时，据说曾得汪华"神兵"之助，遂由朝廷下旨，将汪华封加至十字，为昭忠广仁武烈英显襄安王。汪华成了极为显赫的大神，徽州民间更有"汪公大帝"之称。

汪华有九个儿子，第九子献早卒无后，其余八子后裔繁衍，形成极为繁盛的迁派。其中第四子广、第八子俊皆有后裔迁居篁墩，并从篁墩迁往四方。

汪广，汪华第四子，唐代曾任左卫府飞骑尉，宋代加封为崇应衍泽公。汪广十三世孙知游，遇到五代末年的大乱，从篁墩迁到休宁安乐乡。知游的后裔金寿，在元代末年再遇兵乱，于是再迁往休宁尤山。汪广的后裔中最为兴盛的就是尤山派，今天仍有明代成化十六年（1480 年）的家谱存世。

汪俊

明成化尤山汪氏
家谱中的八景图

汪俊，汪华第八子，唐代曾任郑王府户曹参军，宋代加封为崇惠衍庆公。与汪广相比，汪俊后裔繁衍的支派要多得多。汪俊生四子：处默、处方、处忠、处厚，次子处方曾任辰州县令，后迁居篁墩。处方五世孙有三人：广、廙、言，广迁居旌德新建，为新建派始祖；言迁居藏溪，为藏溪派始祖；廙仍居住在篁墩。这三派中，旌德新建一支尤为繁盛，其家谱中有一篇淳熙十五年（1188 年）朱熹撰写的序言，称"旌德新建汪氏，其族之贵盛，非他族之可比伦"。该派亦有"义门汪氏"之誉。

4. 胡氏

徽州胡氏来源众多，其中婺源的清华胡氏也是篁墩所出。清华胡氏称祖上系出安定胡氏，为汉代名臣胡广之后。隋朝时，安定胡氏中的胡福曾任苏州太守，迁居徽州。唐代末年，胡福后裔为躲避战乱，迁居篁墩。

胡氏家谱称胡福后裔胡瞳曾经起兵抗拒黄巢，他有儿子多人，其中幼子胡学功勋卓著，是清华胡氏的始祖。胡学年少之时，聪明机灵，悟性过人。唐懿宗咸通九年（868 年），他登进士第，官拜本路司户。唐僖宗乾符元年（874 年），刚正不阿的胡学上疏皇帝，痛斥大太监田令孜独断专行，无视皇帝。他还上奏天象有异常变化，这是不祥的征兆，预示着社稷有危。田令孜闻听此言，暴跳如雷，反而血口喷人，诬陷胡学诽谤大臣之罪。胡学被贬谪福州，然而不久他又被重新起用，担任舒城令。唐僖宗广明元年（880 年），黄巢攻陷长安，僖宗皇帝仓皇避乱于四川，由于道途险阻，诏令不通，当时天下百姓几乎都认为唐皇室日暮途穷，不可能东山再起。但胡学却对此充满信心，认为自古国家未尝没有不以患难而重新复兴的。此后他与李克用、王重荣等并肩作战，为恢复唐室、重振河山做出了巨大贡献。他也因为功绩卓著，官封宣歙节度讨击使、银青光禄大夫、散骑常侍、新安郡开国男，他的后代也因此尊称他为常侍公。

胡学宦海沉浮、戎马半生，已生退隐之意。胡学年轻时曾经与父亲胡瞳投宿于清华通灵观，期间遍游诸洞，当时父子两人游兴大盛，题诗于洞内。胡学之诗云：

> 三崖九洞出尘寰，问讯真人得纵观。
> 丹熟已乘仙鹤去，云深惟有老龙蟠。
> 铁船过海源流远，玉柱擎天星斗稀。
> 臂破莓苔认诗句，录归传作书图看。

可见清华的诗情画意使胡学赞叹不已，流连忘返。胡学当时还感叹说："此地山水秀丽，居住在此，子孙可以繁荣昌盛。"岁月如白驹过隙，几十年已经过去，"清华依旧，夕阳几度"。当初所言犹在耳，现在终于可以实现愿望了，于是胡学迁居到了清华。

徽州

041

清华镇是婺源县的重镇，原本是婺源建县时的治所。据婺源县志记载，唐代从休宁县分出回玉乡，并割鄱阳县怀金乡，设置了婺源县，县治就在清华镇，今天的县治是宋代才确定的。胡学定居清华之后，筑室造屋，营建家园。据胡氏家谱记载，当时清华镇镇中有一条宽阔的大街，四坊分列两旁，环街共有九井十三巷，成为胡氏世居的兴旺之地。

从北宋时期开始，清华胡氏就修有家谱，此后历代纂修不绝。较早的文献，如建中靖国元年（1101 年）胡深的谱

清华胡氏始祖胡学

序，对胡氏家族兴起、自篁墩迁居清华和家谱纂修的历程有过明确的交代：

闻之礼，别子为祖，继别为宗，继祢者为小宗，其支庶绵延莫可殚述，苟无谱书以纪之，世之不昧于所出者几希矣。吾胡氏之先，至瞳公官寓宣歙，生子学，仕唐散骑常侍，由黄墩徙居星源清华，是为始祖。生子八人：延简、延升、延厚、延晖、延晞、延乐、延鲁、延照，各居其所，家于清华者延晖、延晞二公，迁于城西胡村者延乐公也。世次愈远，子孙愈众，而故家文献犹有足征者，良由先世德泽之深而然耳。是故或以才德显，或以文学鸣，或以阴隲厚，衣冠蝉联，富贵鳞集，代不坠业。深为儿时尝观先君子家谱序，既知大概，今发种种，未克继志，于是访求数世未登名者，草创成编，遇犹子适仕缙云亚尹，考绩于家，博采诸宗，互相参稽，辑为正谱，详字讳，注封爵，叙承嗣，不诬不略，则斯谱之传，岂徒

为子孙之观美？正以为上宗睦族之文，且使后世咸知其为亲，某为疏，某为大宗，某为小宗，某为伯叔，某为昆弟，秩然有礼，油然有恩，由是推之，则子孙之精神可以上接先祖之精神，子孙之气脉，可以上通先祖之气脉矣。仁人孝子尚当有守于斯文。

据胡氏家谱记载，胡学生有八子：胡遵、胡崇、胡徇、胡文、胡武、胡愈、胡润、胡庆。八子分居呈坊：胡遵、胡崇两人居住长寿坊；胡徇、胡武两人居住安仁坊；胡润、胡庆两人居住桂枝坊；胡文、胡愈两人居住仁寿坊。然而随着八子娶妻生子，胡氏人丁的兴旺，胡学子孙居住地的情况也发生了变化，所谓"奠故居者有之，宅嘉土者有之，肇他邦者有之"。据清华胡氏家谱记载，对胡学八子及其后裔的情况可简述如下。

胡遵，字延简，胡学长子，承袭祖荫，担任尚书。因为曾经跟随祖父胡瞳保障祁门，所以安家落户于祁门。他生有二子：长子胡瑙、次子胡蹈。胡瑙迁居十二都山坑胡村上店，他下传二世至胡仁晓，胡仁晓迁居浮北大于口，此外他的后代还分居于祁东凫溪、杨溪、浒溪、庸溪、根溪、赤桥、贵口湖村等地。胡蹈则迁居鄱阳故县渡。

胡崇，字延升，胡学次子，官拜户部尚书、光禄大夫。他生有六子：胡宗、胡文、胡杰、胡衡、胡衙、胡弄。胡宗迁居乐平小坑。胡文迁居回峰晓庄。胡杰迁居齐云山脚。胡衡迁居蚌埠。胡衙迁居高枧皂角树下。胡弄迁居白齐岭脚。此后，六人的后代又分派于龙尾东岸、石镇源、清华大夫巷口、休南稠坑山、休商山、碧窗西岸、里湖高原附、方思山东坑、西岸外湖、霞城口等地。

胡徇，字延厚，胡学三子，官至宣议大夫。他生有二子：长子胡文富、次子胡文贵。胡文富迁居祁门。胡文贵迁居青阳。

胡文，字延晖，胡学四子，官拜礼部尚书，世居清华。后来他的后代又分为胡十一支、胡二十六支、胡顺宝支、胡顺宜支、胡顺究支、胡顺宽支。胡顺宝的后代分为以下各派：祁南清源胡村派、祁南叶川派、浮有张村派、休西广源派、休西龙溪里庄派、宁国南阳源派、金陵东井派、秋浦大田派、祁南花桥派、葛村塘上派、歙西胡荼充派、歙西四都懋田派、石碌高宝派、休西施村湾派、施村复迁清华派、石碌九上坑派、清华祖礼派。胡顺宜的后代又分为以下各派：婺北徐公源派、婺北漳溪派、婺北平川派、婺北山后派、浮东张村派、浮东胡村派、浮东码下派、清华堂阴派、东园派、东园木桥派、歙西溪南派、歙西江坦派、休南佛岭提马派、沱口黄村派、休临溪派、浮北朱溪派、浮副西都梅园派、琅珠光里派、婺东坑头派、婺北回峰派、婺北西岸派、婺北洙坦派、歙西圩坦派、歙西上胡派、歙西珠光里派、浮有张村派、休西广源派、休西龙溪晓庄派、宁国南阳源派、金陵东井派、秋浦大田派、祁南花桥派、葛村塘上派、歙西胡荼充派、歙西四都懋田派、石碌高宝派、休西施村湾派、施村复迁清华派、石碌九上坑派、清华祖礼派。胡文的后裔是清华胡氏中最大的一派，也是清华胡氏的主体，历代清华胡氏家谱主要是由这一支纂修的。

胡武，字延晞，胡学五子，官拜奉议大夫，世居清华。胡武子胡文敏，其下的支派：婺北梓源派、婺北河滨派、婺北黄沙大源派。

胡愈，字延乐，胡学六子，官拜评事，他迁居歙西石枧胡村。此后他的后代分居于符村、玉坦、海门、曹门。

胡润，字延鲁，胡学七子，官拜尚书、散骑常侍，他隐居黄山之北，以青松作伴，白云为侣。他生有三子：长子胡邦、次子胡辉、三子胡三九。胡邦迁居黟县，后又由黟县迁居太平宏潭、石云、白沙、龙门。胡辉迁居青阳、绩溪。胡三九迁居伏水梅浦。

胡庆，字延照，胡学八子，官拜仕郎。他生有一子，名胡清献。胡清献的后代迁居大犁、章田、渡田四卜里、双溪后源塘、

婺源清华彩虹桥

弋阳、光州。

胡学的八个儿子繁衍了大量后裔，其子弟星罗棋布于徽州歙县、休宁、黟县、祁门等县，并在宣州、宁国、饶州等地有广泛的分布。无论居住在何方，清华胡氏都尊奉篁墩所出的胡学为始祖，可谓一本散于万殊。

5. 江氏

徽州江氏分两大派：一派称祖上出自山东，为济阳江氏；另一派则原本姓萧，后改姓江，故又称为萧江氏。这两派都是大族，而萧江氏是由篁墩分迁的众多大族之一。

萧江氏是由萧氏演化而来。萧氏在中国历史上显赫辉煌，最早的祖先名叫帝喾，是黄帝后裔，经历了先为姬姓，后相继为子姓、萧姓、江姓的波澜起伏历程，有一部源远流长的族史。其第一次改为子姓，是因其先祖契封于商，赐姓子氏而得姓；其第二次改为萧姓，是其始祖大心因功封萧（今安徽萧县），子孙因封地改为萧姓，时当春秋时期。自西汉以下至唐，萧姓除了出现汉相萧何、南朝梁高祖武帝萧衍、昭明太子萧统帝王将相之外，在唐朝还出了萧复、萧遘等八位宰相，时称"兰陵八萧"。其中，自昭明太子以下至萧遘一脉就有五位宰相，人称"台辅之宗"，这在唐代乃至整个中国历史上都是鲜见的。

由萧姓改为江姓，则源于隐姓明志，时为五代后梁之初。据萧江家谱记载：唐僖宗年间，宰相萧遘的次子萧祯因平乱有功，被唐僖宗敕封柱国上将军领江南节度使，赐第篁墩，后因萧遘在朝中被陷害致死，萧祯为避祸，改萧为江。萧祯即成了江祯，他是萧江氏的始祖。关于江祯迁居篁墩和改姓江氏的经过，清代乾隆年间翰林院检讨程恂撰有《始祖唐上柱国江南节度使传赞》：

余按江氏谱系，节度使府君萧公讳祯，字德熹，唐宰相遘之子，江氏之鼻祖也。萧氏历相唐室，至八叶平章，节度公丁唐之季，避居歙之黄墩，值巢寇傲扰，延及歙州，公率义旅保障一方，戮力破贼，策勋晋秩，秉钺江南，武功文德，后先焜燿。无何，遭家不造，指江易姓。三子，仲郑，庐墓；季威，迁衢；而伯董始迁婺源。公以别子为始迁祖，婺乃继别之大宗，今为巨族者三，曰江湾，曰旃源，曰龙尾，皆科第相望，簪笏相踵，或发

萧江始祖江祯

解，或开府，或守牧，或扞疆，文章勋业，炳炳烺烺，而潜笃德行，守法紫阳，立言不朽者亦多若而人。吁！萧江氏世德远矣。余尝过江湾，览其宗祠门堂，庑寝规制，曼硕甲乎他族。群彦告余曰："先中丞一麟公开府淮上，以禄入鼎建也。"余为摄衣敛容焉。节度公勋在王室，泽被生民，宜其笃生慈孙，祭飨勿替也。余友江君永持其谱牒与上卿奕光录等书，求为鼻祖作赞，将为屏障张诸祠，爰叙其易姓源流，而系之以四言赞曰：

焉奕八萧，欧阳是表。末胄萧公，材武矫矫。避地黄墩，时际广明。

黄巢擾乱，豺突纵横。冠氛已恶，刘我新安。惟公奋武，俾帖于磐。功埒
高骈，荷节担爵。唐室颠隮，家亦遭灼。汩汩岷江，逶迤七千。指以为
氏，汇派类然。歙衢与婺，三嗣鼎足。英贤踵起，数难更仆。蠲其禋祀，
永其孝思。绳乎蛰乎，勿替引之。

江祯去世后，葬在篁墩溪南。据家谱记载，其地属徽州歙县
二十五都仁爱乡，地名篁墩溪南半沙亭子埠，在今屯光镇汉沙村
与南溪南村交界处。作为萧江氏的始祖，江祯墓乃萧江宗族的钟
灵毓秀之地，明清时期萧江氏凡科举得中者，都要到墓前祭告。
可惜的是，该墓在新中国成立后被毁，今日已经完全看不到遗
迹了。

从前述江祯传赞中可以得知，江祯有三个儿子：长子江董，
次子江郑，三子江威。一代年间，三子分迁，江董迁居婺源皋
径，成为婺源萧江迁祖；二子江郑居篁墩溪南，为歙县萧江迁
祖；三子江威迁衢州开化，为开化迁祖。徽州六县的萧江主要是
江董、江郑的后裔。

歙县篁墩溪南江氏在宋代就较为兴旺，南宋嘉定二年（1209
年），江祯八世孙江炳中进士，成为萧江的第一个进士。明代嘉
靖二十三年（1544 年），江珍中进士，官至布政使，成为一方大
员，他在篁墩溪南建起宗祠，当朝南京吏部尚书潘璜应邀为其
作序：

江氏系出梁朝帝裔，后别为萧江氏，居歙之溪南、婺东之江又自溪南
而举家迁居焉。代有闻人，今际其盛，英义辈出，科第蝉联，歙婺之江相
望而交辉，故新安称缙绅之右者必归焉。江君起进士，居官礼曹，刻意乎
有家之政，爰构世祠于所居之东道，捐赀以倡，而族之人翕然以赴，一指
顾间而事克集，导其志也；工役之鸠兴，材物之料理，取其适中而称情，
坚朴昭固，昭其质也；文扁武扁，纪其实也；定献亨之次，业昭穆之首
席，劝戒有方，趋跄有度，示其肃也。江君于是役，巨细始终，悉关规
画，观其施有家之政如此，其经纶天下之大，可知矣。

从潘璜的序言中可以看出，明代晚期的篁墩溪南萧江氏是相当兴旺的。

不过，就整个萧江而言，婺源支派的实力才是最强的。江董迁居婺源皋径后，其五世孙文寀从皋径迁旃坑马槽坞，生有二子，名元宝、元庆。元宝生三子：璀，迁塘坑；汝辑，迁湔溪；体，迁黄泥坑。元庆生二子：牧，迁陈村；敌，迁江湾。文寀的五个孙子形成的五个支派被称为日、月、光、天、德五派，其中最强盛的当数江湾"德"支。

婺源江湾的萧江祠堂

江湾萧江氏在各派中是最早有完整家族记载的，北宋元丰年间就有家谱纂修的记录，存世的明代家谱也有不少，其中洪武六年（1373年）汪睿为江湾萧江撰写的谱序是现存萧江最早的谱序：

谱系之学，其来远矣。三代而后，汉迄隋唐，官有簿状，家有谱系，故官之选举由于簿状，而家之婚姻本于谱系也，凡百官族姓之家状者，官为考定，藏诸秘阁，故私书有滥则纠之官籍，官籍不及则稽之私书，是以人尚谱系之学，家传谱牒之文。五季以来，士不问家世，婚姻不尚阀阅，而其学遂废不讲矣。呜呼，治世隆德之典不行，而宗子之法坏，有识之士固深悼。夫风俗之变，不能复古，然而尚幸有谱系之书，犹得考存宗德之遗，敬宗睦族，亲疏隆杀，礼分有等，伦理可明，此士君子所以惓惓于谱系之书也。左氏曰："因生以赐姓，祚之土而命之氏。"盖尝稽之氏谱系之源，有以国为氏者，有以邑为氏者，有以乡、以亭、以地为氏者，有以姓与字名次与族为氏者，以官与爵吉德凶德为氏者，以技事与谥为事者。郑氏考于古，列其类，为三十二焉。然则萧亦以国为氏者也，其初子姓，微子之支孙大心平南宫长万有功，封于萧，为附庸。楚灭之，子孙以为氏，世居丰沛之间，其后至唐有名遘者，相父儇宗，生七子，仲曰祯，平巢乱，居歙之黄墩，始渡江来，遂以江姓。长嗣讳董，生瑾，为南唐上将军，侍父迁居婺之皋径，又迁中平，自中平迁居旆坑，自旆坑分迁江湾，此萧江族之源也。历宋迄元，彬彬文物，居旆坑与江湾者为尤盛，科第仕进既有其人，而强学力行高蹈林泉尤不少也。且与吾汪氏世为婚姻，今有其裔孙裕组编次谱系于兵革煨烬之末，极为详悉，嘱睿序之。窃谓乃祖菊庄翁敦尚文学，挺特有力而为私图，考于乡评称善士，兵革抢攘，贼不忍害，以全其家，与先君子姻娅尤笃，故不敢辞，乃推谱系所自来而原萧江氏得姓之本始，详著于篇，以自附于昔人重婚姻、故家尚阀阅之遗意。若先辈学行之懿，历任美迹，隐处高风，世系具焉，兹不复论。

汪睿的序言中对江湾萧江氏持续不断的家谱纂修历程给予了高度赞扬。从今存萧江各派的家谱来看，确实以江湾派的家谱记载最为翔实，在各派多有舛误的早期宗族人物的记载上也最为精确，此亦证明汪睿所言非虚。

据婺源县志记载，江湾萧江氏在明清和民国时有名望者近百人，其中三十一世江永名望尤甚，清代著名学者戴震、金榜、程瑶田皆从其为师学业。民国年间，状元出身的大实业家张謇曾经为江湾宗祠题有对联：

江氏自节度易姓以来，迭分于歙、于婺、于衢，代挺闻人，木本水源，粲乎溯兰陵八萧至昭明太子；

云溪因有清重儒而著，其间若胡、若程、若戴，并称世哲，泰山北斗，翕然推弄九一老继晦庵先生。

可见，从篁墩分迁的萧江氏确实人才辈出，影响甚大。

6. 李氏与唐氏

徽州李氏是李唐皇室的后裔，出自唐宣宗之子昭王李泑。关于李泑的后裔避难篁墩并分迁徽州各地的过程，李氏各派家谱中的说法有所不同。明代万历年间的《三田李氏统宗谱》中，有一篇是李泑的三子李佯写的《大唐玉牒草册》，在详细回顾了自唐高祖李渊创建唐朝以来十二代皇帝的历史后，记载了他本人落难民间、避难篁墩的过程：

宣宗皇帝讳忱，母孝明皇太后郭氏，生于元和五年庚寅二月，会昌六年丙寅三月甲子即位，崩于大中十三年己卯八月癸巳，咸通二年甲申葬于贞陵。十二子，郓王漼即懿宗，居长，我皇考昭王讳泑第九，母元妃赵氏生于开成五年庚申正月丙子，大中八年甲戌封王。妃陶氏生三子，嫡僙，次佑，为饶州刺史，季即予也。乾符三年丙申五月戊寅，皇考薨；辛丑，皇妣薨。丙戌，皇兄僙卒。予治丧事未毕，而仲兄之讣音又闻，时四方兵乱，不能南顾。辛宋威七月奏捷，方取装南奔，不意王仙芝、黄巢尚在大肆屠戮，道路不通，我乃变服御，更名京，涉历万苦，冬始抵饶，而仲兄之丧已赖歙州刺史李摧，仰念宗室，移咨饶州刺史颜标同，代葬于鄱之昌水矣，我乃抵歙谢摧，因乱不能北返，遂留寓焉。皇考、皇妣之山陵未治，日惟北望号恸而已。己亥冬，巢陷歙州，闻有"逢黄不杀"之号，乃徙居黄墩以避之。广明庚子，复徙昌水，娶方氏，生三子：仲皋、仲安、仲亨。后闻黄巢杀长安宗族无遗类，韩建、刘季述矫诏杀十一王于石堤谷，蒋元晖等杀诸王于九曲池，宗族凌夷如此之甚，无再北归之志矣。天祐四年丁卯三月，宰相张文蔚、杨涉奉册宝禅位于梁，而吾大唐之业废矣，呜呼！国运如此，夫复何言！顿首泣血，谨书大略，以遗我之后人，世世秘而藏之，以为家乘，不必使人知之。兹当革命之际，宗族之辱不及齐民之荣，何足言哉！但恐以后迁徙无常，时移世变，愈久愈远，而愈不知其所自出，为是不得已而有言。呜呼痛哉！

这个《大唐玉牒草册》写于龙德二年（922 年），落款为"大唐宗室裔孙佯，字伯柔，改名京，寓饶之昌水顿首谨书"。根据其中的内容，李佯之兄李佑死在饶州刺史任上，李佯奔丧到饶之后，因为战乱，无法返回京师长安。为了躲避战乱，李佯改名李京，避难箬墩，在黄巢兵过之后，又迁居到了昌水。李京生有三个儿子，其中长子仲皋生子三人，长子德鹏，迁祁门新田；次子德鸾，迁婺源严田；季子德鸿，居浮梁界田。德鹏、德鸾、德鸿成为徽州李氏三大派的分派之祖，由于所居地名皆有田字，因此又称为"三田李氏"。

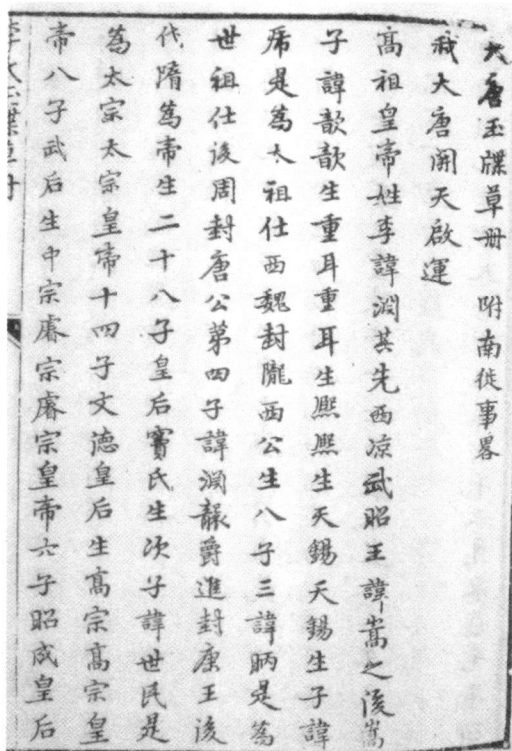

三田李氏家谱中的玉牒草册

　　这个《大唐玉牒草册》得到了很多李氏家谱文献的支持。绍兴五年（1135年），新田派李秀在谱序中就说："吾宗出自大唐天潢之派，始迁祖讳伴，改名京，实以王子南奔兄丧，因乱不能北返，遂寓饶之昌水，手录纂记《大唐玉牒草册》并《南行徙寓事略》，授嫡子袖，使知所自。"这明确肯定了《大唐玉牒草册》的真实性。

　　但是，徽州李氏家谱中对祖先避难篁墩的记载，有的与前述《大唐玉牒草册》很不一致，如黟县鹤山李氏家谱中有一篇《大唐烈宗圣迹并南徙事略》，所记载避难篁墩的经过与前述《大唐玉牒草册》大相径庭。据鹤山李氏家谱的记载，这个《大唐烈宗圣迹并南徙事略》也是李京本人所写，可是其中记载的内容却变成昭王李讷本人逃难到了徽州。李家会避难篁墩，是昭王妃陶氏听到黄巢有"逢黄不杀"之说，因此提议举家躲避到篁墩（黄墩）。而李京迁居徽州，是因为他的父亲昭王曾说："歙州山水多佳，汝宜居之。"这样一来，同一个宗族的同一件事，在不同支派的家谱记载中却矛盾很大：究竟昭王当年有没有逃难到徽州？避难篁墩究竟是谁的主意？说法截然相反。

　　当然，家谱中对宗族早期事迹记载存在矛盾也并不罕见，即使是上述不同记载间也有共性，即都认同祖先为唐朝宗室之后，都曾经避难篁墩。有的家谱文献为了处理上述矛盾，采取了某种模糊化的方法，如宋咸淳二年（1366年），李桃为严田李氏所作的谱序说：

　　　余族出唐宣宗之后，避地于黄墩，时有兄弟三人，卜居址之地，以从田为吉，由是德鹏居祁门之敷田，或曰新田；德鸿居之界田；德鸾居本邑之严田，即余族所自出也。

　　李桃的序言不提迁居篁墩究竟是谁提议的，只说"时有兄弟三人"，然后就开列出三田李氏的分派，这样就回避了前述的矛盾。

李桃序言中说李氏兄弟选择迁居之地时，"从田为吉"，故所居之地皆以田为名，这对此后的徽州李氏影响很大，一些著名的支派往往喜欢将所居地改为"某田"。如婺源李坑李氏，祖上是宋代自祁门新田迁来的，很快发展壮大，于是将所居之地改名为"理田"。

婺源李坑村景

三田李氏是徽州大族，明代嘉靖、万历，清代乾隆、光绪年间都曾经兴修过统括三田的统宗谱。乾隆年间统宗谱所列的徽州和外地的支派超过一百个，遍及安徽、江西、浙江、江苏等地，文化昌盛，名人辈出。

从三田李氏中，还产生了一个新的徽州大族——徽州唐氏。关于徽州唐氏与李氏的关系，元末明初歙县人唐元在为三田李氏写的家谱序言中作过回顾：

吾祖兄弟三人卜其所迁，俱以从田。讳德鹏迁祁门之新田；德鸿迁浮梁之界田，德鸾迁婺源之严田，此吾始祖也……生祖小十贡元，讳玘，字子器，以书经冠乡试，与丞相程讷斋同榜。先君子梅瘭先生，讳虞，字常道，出继郡城唐百六，登仕后屡领乡荐，登仕版。

唐元说他的祖上出自严田李氏，元代末年严田李虞出继郡城唐百六之后，改姓为唐。唐元是元末知名学者，做过徽州路儒学教授，他有五个儿子，第五子唐桂芳迁居歙县槐塘村，其后裔遂聚居于槐塘。明清时期，徽州唐氏也出过一批知名的儒士和缙绅，成为徽州名族之一。唐氏除自己修谱之外，也参加过万历、乾隆年间的三田李氏统宗谱的纂修，唐、李二族一直保持着密切的关系。

7. 王氏

徽州王氏分琅玡王氏与太原王氏两大派，避难篁墩并从此分迁的是太原王氏。东汉年间，太原王氏有隐士王烈，居山西祁县，称所居乡为"君子乡"。唐代晚期，祁县君子乡人王仲舒幼年随其母迁居江南，游学有名。贞元十年（794 年），王仲舒以贤良方正拜左拾遗，历官知制诰，庐州、婺州、苏州刺史，江南西道观察使兼御史中丞，为官政绩卓著。长庆三年（823 年）十一月，王仲舒去世，卒年六十二岁，他的好朋友、著名文学家韩愈为他撰写了墓志铭和神道碑。根据韩愈的神道碑，王仲舒有七个儿子：初、哲、贞、弘、泰、复、泂。徽州的太原王氏均称自己是王仲舒的后裔，包括歙县泽富（今王村）、婺源双彬、武口、云川等地的王氏。在徽州太原王氏的众多宗派中，歙县泽富王氏和婺源武口王氏都是强宗大族，家谱纂修的记录也很早，而武口王氏尤其人多势众。

关于武口王氏的历史，宋嘉定四年（1218 年），中奉大夫王炎在谱序中有一段回顾。据王炎称，他所修的家谱是在前辈王云溪和王大中旧谱的基础上缀遗补缺而成的。王炎认为武口王氏是王仲舒之后，而始祖王翔在广明从篁墩迁徙到婺源，但是王翔迁

徙的缘由则"不可知"。王翔有
一子、十孙、二十四曾孙、五
十一玄孙，后嗣昌炽，形成了
庞大的宗族。

宋端平三年（1236 年），
王炎的族孙武冈军教授王昌时
续修家谱，对祖先历史的回顾
比王炎要更加详细：

徽州王氏始祖王仲舒

王氏系谱自吾高伯祖云溪翁作
九族图序，称王氏世居千秋里王村，
其远不可记，至述祖先之盛，固已显著，然犹序而未详。及叔祖双溪先生
作世系录序，言王氏出自唐散骑常侍仲舒之后，其所以迁不可知，至载服
属之次，稍若具备，然亦详而未尽。予观唐昌黎所撰仲舒公神道碑，谓王
氏皆周后，在太原者为姬姓，厥后世居太原，至东汉隐士烈以博士征不
就，居祁县，因号所居乡为君子乡。魏晋涉隋，世有名人，公之曾大父尚
书郎元暕生丹阳太宗景肃，景肃生吏部尚书政，政生公。公少孤，奉母居
江南，贞元十年，以贤良方正拜左拾遗。长庆三年，以观察使卒于洪州。
有男七人，初进士及第，哲文学，俱善，其余贞、宏、泰、复、洄尚幼。
又本朝荆国王公所藏唐室《王氏二十一望族谱》，载散骑常侍仲舒生初、
哲、贞、宏、泰、复、洄。夫子李氏携诸子归江南，家于宣州船莲塘，初
生希羽，哲生翱，贞生翰，宏生翔，泰生肛，复阙，洄生翼。今考其源
流，则六公翔乃宏之子也，乾符五年与昆季避黄巢乱于歙之篁墩。广明元
年，黄巢渡淮，遂迁居婺源之武口，诸昆弟或存或散，莫知所之。是时中
原扰攘，士大夫惟适安是择，且自保其族属，奚暇以仕宦求显。新安图经
所载，篁墩地广衍，黄巢乱，中原衣冠避地者，相此与保于此，及事定，
或留居新安，或稍散之旁郡，皆是也。

王昌时依据《王氏二十一望族谱》，称王仲舒去世后，其妻
李氏携诸子迁居宣州船莲塘。王仲舒诸子中，除王复的后裔不清

楚之外，其余诸子皆有后裔传世。这部《王氏二十一望族谱》是荆国王公收藏，荆国王公就是北宋元丰年间的宰相王安石，该谱即为当朝宰相所藏，则有相当的可信度。徽州太原王氏各派中，歙县泽富（今王村）王氏出自王初之子王希羽，婺源双彬王氏出自王贞之子王瑜，婺源武口王氏自王弘之子王翔，婺源云川王氏出自王泰之子王云。至于王希羽、王翔兄弟等迁居篁墩的原因，则是为了躲避黄巢战乱。

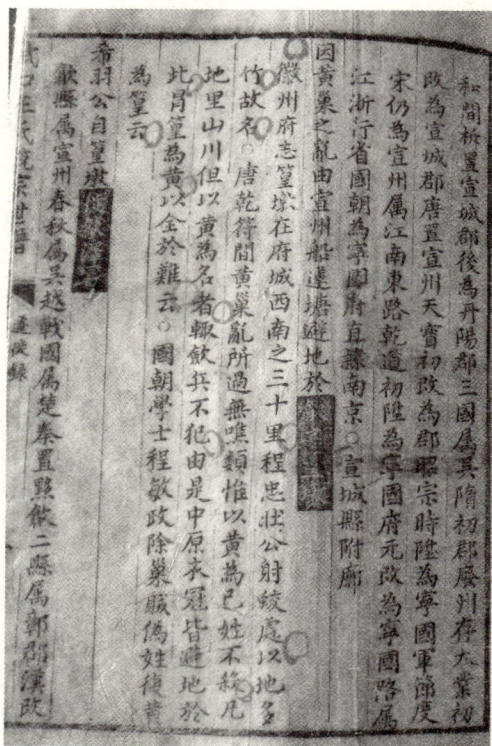

记载祖先迁居篁墩的明代王氏家谱

考虑到称出自篁墩的宗族众多，其事迹多有可疑之处，武口王氏后人曾著《篁墩之迁考》，考证王翔迁居篁墩的事迹：

参军公篁墩之迁，非定迁也，不得已侨寓焉耳。曷言乎其侨寓也？唐僖宗纪元凡五，曰乾符、广明、中和、光启、文德，乾符六年，广明一年，中和四年，光启三年，文德一年，共十五年。乾符二年，黄巢乱。五年，巢僭元王霸。广明元年，陷长安，改元金统，僭帝号。中和四年，伏诛。其编年，纲目可考也。巢扰及宣州，参军公迁篁墩。巢渡淮犯长安，由南之北，避地甚者，由南益南武口，隔篁墩南又二百里，广明元年，参军公武口之转迁，宜也。乾符、广明先后三年间，以篁墩为寄焉耳。而或且疑之，曷为乎疑？夫各氏族之托篁墩者，不独我参军公也。虽然，疑不自今始……窃尝由是推之，墩以篁著，篁丛生焉。当巢之时，篁存焉否，且如篁之字画非黄，谐其声固黄，托其声非得已，趋其地亦必非得已。声虚也，地实也，寇果逼而处此，有名无实，乱焉避之？今考文简公言，而知凡篁墩之迁非定迁也，不得终始为篁墩人也。今而知参军之系，系武口也，又未尝非篁墩人也，为其曾经篁墩也。经篁墩，注篁墩，疑者愿闲执其口，无多谈矣。

按照武口王氏的解释，王翔兄弟等迁居篁墩，只是为了躲避战乱，并非定居，也没有成为篁墩人。族谱记载，篁墩只是因为祖先曾经经过而已，并没有特殊的含义。

武口王氏始祖王翔生一子王延钊，有养子一人、亲生子十人。亲生十子及其后裔的简要情况如下：

仁玉，字莹仲，生文智、文福、文真，其后裔为武口王氏甲房；

仁旺，字季文，生文郁、文勇、文度、文询，其后裔为乙房；

仁谅，字元度，生文迈、文彬，其后裔为丙房；

仁烈，字佐才，生文宠、文雅，其后裔为丁房；

仁裕，字民表，生文霸、文羽，其后裔为戊房；

仁护，字敬叔，生文训、文宥，其后裔为己房；

仁潜，字起叔，生文禄、文昌，其后裔为庚房；

仁幹，字怀之，生文岳、文庆，其后裔为辛房；

仁遇，字达之，生文机，其后裔为壬房；

仁显，字升之，生文饶、文质，其后裔为癸房。

武口王氏从王翔的十个孙子开始分为十房，每房都有相当多的支派，明代天启，清代康熙、乾隆年间都纂修过包括十派的统宗谱。各房往往也有自己的家谱。整个武口王氏在全国各地的迁派之多，数不胜数。

8. 张氏

徽州张氏中，唐末婺源甲道张氏祖上也曾在篁墩避难。与中国众多的张氏宗族一样，婺源甲道张氏自称出于黄帝第五子张弧，奉汉代开国功臣、留侯张良为远祖，但是在迁入徽州前后的世系上，不同家谱的记载有所冲突。据明嘉靖九年（1535 年）徽州张氏各派同修的《张氏统宗世谱》称，甲道张氏是唐代诗人张志和的后裔，该谱中有一篇宋咸淳八年（1272 年）张仪一的谱序，对甲道张氏的来历作了如下说明：

吾新安张氏之祖起自歙公之子禹，汉章帝时举孝廉，拜扬州刺史，封安乡侯。禹公之孙曰存汉，魏征官不就，隐居吴之横山，公复隐恒山。子曰镇，苍梧太守，因父隐，遂家于吴郡。镇公十世孙曰嗣宗，为唐国子祭酒，封新野康公，生九子，皆显于朝，其第二子曰济，为睦州刺史，由吴郡徙金华。济公生三子，珌、珠、玗。珌唐乾封间由御史出判饶州，后弃官，家古黟赤山镇，镇即今之祁门，而公即祁之始迁祖也。公子三，长润朝，居浮梁；次深朝；季游朝，开元间侍讲东宫，卒赠尚书，夫人李氏，生三子。长曰霞龄，居金华；次曰鹤龄，为蒲阳尉；又其次曰龟龄，自幼聪敏，状貌匪凡，年十六，擢明经进士第，待诏翰林，献策南宫，从讨安禄山，有功授左金吾，因丁内艰，奉谕葬母夫人李氏于祁西五里之润田放牛坞口，庐墓于此，遂家其地，故曰润田张氏。公生三子，衡、卫、衢。衡公之子学翰居邑南新庄，学裘居邑西塘头。金吾不复仕，隐居江湖，号烟波钓徒，后之子孙世居于祁，簪缨华毂，代不乏人。卫公之孙曰周，乾符间避巢乱，挈家居歙之黄墩，周之子彻徙居婺之甲路。古今称盛者，惟吴郡、金华、曲江、昌乐、祁之润田、婺之甲路、歙之上路、浮之车陂、广信之贵溪，又星散于他郡，蔓延于天下，千枝万干，即皆本于留侯一人之身也。

张仪一称徽州张氏是吴郡张氏分迁而出的，张王弘在唐代中年迁居祁门，季子张志和迁居祁门润田，曾孙张周在唐末避黄巢之乱迁居篁墩，张周之子张彻迁居婺源甲道，为甲道张氏的始迁祖。

婺源甲道村景

嘉靖年间的《张氏统宗世谱》影响很大，参加的支派很多，包括一些从甲道迁出的支派。这是谱中会包含甲道张氏的主要原因，但是甲道张氏的主体并不认可统宗谱，对其中有关祖先世系和迁居篁墩的记载都不认可。甲道张氏自己纂修的家谱中对祖先避难篁墩的经过另有一番说法，宋天圣元年（1023 年）张延丕的谱序称：

张氏之先出自黄帝子少昊青阳氏第五子挥，观弧星始制弓矢，以威天下之不道者，遂为弓正，主弧星，赐姓张氏，故陆氏《法言》引《风俗通传》云"张王李赵为黄帝赐姓"是已。自是而下，历数十传，至周宣王时，有卿士仲见称于六月之诗，晋大夫老以善诵著于大戴之礼历，中军司马君巫改服修官，而曰赵、曰骼，皆诸侯之选也。晋氏三分家，世相韩，凡五君。至太傅良，为韩报仇，遂为汉帝师，其后安世、延寿、勃放，皆袭侯爵。至晋司空华、丞相嘉,勋业轩冕,所谓金张也。汉千秋、唐文瓘诸公世居江北,其余诸子度江南来,至姑苏吴江县北关外九里村,爱其地势宽广,山川秀丽,遂家焉。数代,有益州刺史康,分居东阳苦竹村,而唐季文瓘公后亦渡江南来,同居吴郡,枝叶繁茂,人文炳焕,故坊有十贤之名,里有孝张之号,如南轩、方平诸贤则中原之派,著于江左则吴郡之派也。唐乾符四年丁酉,黄巢乱天下,陷江南十余州,所过焚劫无遗,惟遇地以黄名者则不杀,为其姓同也。新安号黄山,故衣冠家争奔趋之,而我张氏亦自吴郡而避地篁墩,散乱既平,迁徙四出,就其宽阔之野、凋敝之乡以定厥居焉。我始祖大三公讳彻,遂卜居婺源之甲道,生子三,孙十,四世兄弟二十二人,至五世遂益众,以延字排行者七十六,于是婺源之盛亦同吴郡矣。然居于此者,往往以山川欠秀,无以助其英锐精华之气,崇文修读,得时行道,而建致君泽民之业者,于是分迁内郡、外郡、祁、休、歙、浮梁、德兴、池、严、光、安诸郡州邑,居广世远,人稠地窄,贫富贵贱不齐,虽不能免,然出自大三府君则一也。

　　按张延丕的叙述,甲道张氏并非是张志和的后裔,而是唐代宰相张文瓘的后代。据《新唐书·宰相世系表》的记载,张文瓘的七世孙为张保望,而据甲道张氏家谱,张保望生子张周。张周生三子,第三子即是张彻。唐僖宗乾符年间,张彻随父徙居歙之篁墩,其后徙居婺源甲道,是为甲道张氏始迁祖。张彻有三子、十孙、二十二曾孙,五世孙辈则有七十六人。甲道张氏五世孙为"延"字辈,所以谱中绘有"张氏七十六延迁派旧图"。

　　从五世祖延丕公起,甲道张氏开始编修本宗世谱。延丕,字彦直,宋代官户部郎中。其后,十世祖珏公和琼公,二次编修。珏公,宋代光禄大夫、礼部尚书,琼公官中奉大夫、南阳县开国男。历宋、元、明及清乾隆,多次编修。加以人才辈出,收录广泛,记述翔实,所以甲道张氏家谱规模宏伟。以乾隆年间《星源甲道张氏宗谱》为例,原装达四十四册之多。该谱第一卷有凡例、修谱新序、七十六延分迁旧图;第二卷是八支源流序、簪缨录等；第三卷至第三十六卷，为世系图表；第三十七卷为文翰录、谱纪、传；第三十八卷为墓志铭、行状等；第三十九卷为续传、像赞、祭文等；第四十卷为寿文、记、杂序；第四十一卷为诗、杂著、书札等；第四十二卷为墓图、领谱号、谱跋。从明正统到清乾隆的三百多年间，甲道张氏七十六个支派，瓜瓞绵绵，辗转迁徙，丁口和衍派遍及东南各地，成为江南望族。

婺源查氏始祖查文征

9. 查氏

查氏得姓始祖是东安，本是姬姓，鲁公伯禽苗裔，周惠王时以功肇封查邑，繫子爵，称于诸侯，曰东安公，后世遂以查为姓。

据程敏政的查氏家谱序言，徽州查氏祖先也曾在篁墩躲避黄巢之乱：

> 新安查氏自延公有功于国，受封查邑，因以为氏，至唐有游击将军师诣公者，自九江徙宣城，值黄巢乱，迁于歙之篁墩。师诣公孙文征公仕南唐为观察使，隐居星源之西山，子元修定居本里凤山之下，即今日号"查村"是也。自是以来，门地光显，生齿蕃盛，因其所居称东村、西村以别之，而族谊犹一也。

这里提到的查文征是徽州查氏中婺源一支的始迁祖，他的兄长查文徽则是休宁一支的始迁祖。查氏兄弟都在南唐李氏政权任职，查文徽还是南唐的著名大臣，陆游所撰的《南唐书》中有他的传记，全文如下：

> 查文徽，歙州休宁人，幼好学，能自刻苦，手写经史书百卷。稍长，

任气好侠，闻人困乏，虽不识，必济之，家本富，坐是穷空，不悔也。或遗以金帛，一夕，盗入其家，尽取去，文徽不言，虽邻里莫知者，久之，盗败于旁邑，移文讯验，人始知之，咸推其量。烈祖辅政，初入谒，烈祖召于语，伟其论，宋齐丘亦称荐之。徐知谔领浙西，以文徽为其判官。或献玉杯，知谔喜，酬以钱百万，趣开宴，出杯行酒，至文徽，偶堕地碎，一坐皆惊，而文徽自若。烈祖受禅，入为监察御史。元宗立，进谏议大夫、中书舍人、枢密副使。闽主延义，与其兄延政相攻。延政以建州建国称殷，而延义为其下所杀，拥立大将朱文进，元宗欲讨文进，文徽以为延政首乱，当先致讨。有翰林待诏臧循者，与文徽同里巷，少尝为贾入闽，习知其山川险易，为陈进兵之策，文徽本好言兵，遂请行。元宗乃以江西安抚使，令至境上，审观可否。文徽锐于成功，至上饶，复命，盛言必克，诏发洪州屯兵，以边镐为将，从文徽攻建州。建人厌王氏之乱，伐木开道迎我师，行次盖竹，遇建州兵至，又闻泉漳汀州皆归延政，恐惧，退保建阳。时臧循亦为别将，屯邵武，延政袭破之，获循，斩于建州，军声大挫。元宗遣何敬洙等来援，敬洙、镐与建州兵相持，文徽得建之降将孟坚，使潜师出其后击之，建州兵大败溃去，遂傅其城。虽下建州，诸军无纪律，杀掠不禁，民始失望，有叛志矣。元宗知而置不问，策功，迁抚州观察使，又拜建州留后，由是文徽益自用。时李弘义挟吴越兵据福州，伪遣谍来告福州乱，文徽喜，率剑州刺史陈悔赴之，悔将舟师至福州城下，击败其兵，执吴越将马先进等三人，文徽以步骑继至。弘义阳遣卒数百人出迎，而设伏西门以待，文徽传令径入其城，陷伏中，大败，堕马被执，送钱塘，将士死者万人。元宗遣使归马先进于吴越，而求文徽，吴越王遣还，将发，为置酒，置毒。归至金陵，毒始作，元宗使医视之，医以珠置口中，有顷，珠色变黑。医曰："疾不可为，然犹十年乃死。"文徽遂病瘖。朱元降周，坐亲党，安置宣州，卒，年七十，距遇毒之岁正十年云，谥曰宣。子元方、元规、元素、元范、元赏。元方事后主，为水部员外郎、吉王从谦掌书记。从谦朝京师，太祖命知制诰，卢多逊燕从谦于馆，多逊弈棋次，谓元方曰："江南竟何如？"元方敛衽曰："江南事大朝十余年，极君臣之礼，不知其他。"多逊推枰愧谢曰："勿谓江南无人。"使还，通判建州，卢纬据歙州，傅檄至建，元方立斩其使。及绛平，太祖闻元方所为，大悦，擢殿中侍御史，知泉州，卒官。元方子道，龙图阁待制，始徙家海陵，纯厚长者，以文行称于时。道从兄陶，及事后主，国亡入朝，仕至秘书少监、知审刑院，与道尤极友爱。自金陵破，士族流离，多贫困失职，惟道兄弟尽力收恤，聚食常数十百人，得任子恩，皆以与族人，以少长为先后，无亲疏之间，异姓亦分俸给之，时其婚姻，由是常苦贫，而查氏至今为海陵望族，许、国、吁皆其后也。从陆游的记载来看，查文徽是南唐重臣，在南唐平定福建的战争中立有大功，其子孙在宋代仕宦辈出，是名门望族之一。

至于婺源派始迁祖查文征其人，《婺源县志》也有记载：

查文征，字希音，原居歙县黄墩。与兄文徽并著勋业，官至南唐宣歙观察使。遭乱世，挂冠游本邑，见西郊之廖坞岩壑幽秀，因结庐，其阿石蟆有芳泉时出，尝枕漱以自娱，晚与邑宰廖公平暨一时名卿硕士修德讲学其间，遂终老焉，没即葬北山之巅，后人号其山曰"查公山"。

但是，据查氏家谱记载，查文征三传之后绝嗣，于是由查文徽公的孙子查道（即前引查文徽传中曾任龙图阁待制的那一位）的第三子永之出继为后。因此，今天休宁与婺源查氏虽各奉查文徽、查文征为始迁祖，但就血缘关系来说，都是查文徽的后裔。

婺源派第十七世查均宝为躲避元末战乱，翻过浙岭，经率水、新安江、富春江、钱塘江水路，最后定居于海

查氏祖墓

宁袁花龙山东南之古朴桥（后人称查家桥），他的子孙在明清时期极为繁盛，成为海宁的名门望族，金庸先生（本名查良镛）就是海宁查氏的后裔。

10. 曹氏

与众多为躲避黄巢而在篁墩避难的宗族不同，徽州曹氏宗族的祖先是因追剿黄巢而进入篁墩的。据曹氏家谱记载，徽州曹氏祖先出于周文王第六子曹叔振，是唐末节度使曹全晸的后裔。曹氏迁徽的经过，据宋代曹完宇编纂的《曹氏迁徽首修宗谱》的记载，曹全晸字文宣，是唐代徐州刺史曹勋的曾孙，淮安太守曹琪之子，汴梁祥符县忠良乡人。曹全晸"事父为孝，处乡党义，素负大略，智勇过人，娴兵马及吟操，人畏服之"。唐懿宗咸通年间，中举人，任河南都尉，因破敌有功，不久擢升为淄州刺史。曹全晸有子二人，长翊、次翔，俱登科第，曹翊任福州牧，曹翔领陇州牧。关于曹氏父子征战黄巢、进入篁墩的经历，曹氏家谱中的记载如下：

> 乾符三年，仙芝寇陕城，命翔公为招义节度使，率兵卫东都宫阙，旋大破贼于中牟。六年，巢寇襄阳，公合山南东道节度使刘巨容大破贼于荆门州，停斩其什七八，贼渡江东遁。公劝巨容并追，贼可歼也。巨容曰："朝廷喜负人，不若姑留贼为富贵资。"公愤然独帅部渡江追贼。时贼势复猖，转掠饶、信、宣、歙、杭等十五州，公命翊公追贼及歙之篁墩，陷伏阵亡，事闻，赠岩将，赐祭，葬篁墩北山下。公痛之，命翔公子奉祀事焉。及寇逼河南，复以公为天平节度使兼南面都统，合高骈拒贼于激水，时贼众我寡，与战多斩获。既骈忌公功，请援不应，卒至败。公由泗上退守青州。越明年，与贼战，死之。朝议悼公，赠中书令，谥忠节，诏立留后。先是，翔公由昭义军节度使代窦瀚，改河东节度使，定晋阳之乱，寻暴薨，群孙皆幼，乃命全晸公子存实为天平节度使。翔公子二：长达公，守公墓，居青州；次遇公，奉岩将公祀，遂居歙。

由此看来，徽州曹氏的祖先曾经有过与黄巢正面交战并获得胜利的光荣历史。曹全晸的儿子曹翊曾经在篁墩与黄巢大战，中伏身亡，其墓则葬在篁墩北山下，土名吴良堨。曹翊的弟弟曹翔是徽州曹氏真正的始迁祖，他有两个儿子：长子曹达，次子曹遇。曹遇守墓三年，后迁居歙城南街更衣亭侧，数年后又迁到婺源大鳙。曹遇之后的徽州曹氏迁徙分派的情况大致如下：

遇生睦，睦登科第，拜朝靖大夫，任徐州刺史。睦子二，长名杰，次名棐。杰归汴梁祥符县原籍。棐居徽州，登科第，任宿州符离知县，兼管沟洫河道，晚年回乡撰写《新安曹氏谱籍》。棐生子一名符，符生二子，长名文济，行名福一，次名文泽，行名福四。文济有子三：德遇、德成、德盛。德遇在浮梁为官，就举家迁浮梁，德成迁黟县，德盛迁上饶。文泽迁婺源北军营上，宋建隆年间又迁家于汪口，生子三，长名大九，字仲经，迁绩溪旺川；次名大十，字仲纲，迁婺源大鳙；三名大十一，字仲维，迁居祁门栗里。

徽州曹氏最著名的一派是歙县雄村派，出自大鳙派大十仲纲公。仲纲公是十三世孙端五，因户役与兄弟端六、端十由婺源同至徽城，住南街，端生英芝，英芝生二子，长名定一，字子华，次名定二，字彦中。彦中娶东关李氏，生子关一，号永卿。明洪武三年（1370年），彦中与兄子华同解粮至北平，事毕返回，至镇江病逝于旅途。时其子永卿年仅十六岁，随舅父奉母迁居歙县水南洪村，娶村中洪伯英女为妻。洪家富有，为大户人家。永卿为人

曹氏始祖曹翔

谨慎而勤俭，又得岳父家资助，亦农亦商，日渐富裕。曹永卿的后裔在村中逐渐壮大，遂将村名从洪村改为雄村。曹永卿的第十三世孙曹振镛，在清代嘉庆、道光年间曾为大学士、首席军机大臣，是清代徽州出现过的级别最高的官员。嘉庆年间，嘉庆帝曾六次谒陵，五次秋弥木兰，都留曹振镛在京处理朝廷大事，至今歙县流传"宰相两朝有，代君三月无"，就是指此事。

11. 其他宗族

除了前述十大宗族之外，尚有其他众多宗族是从迁入篁墩后迁徙分出的，由于数量众多，而家谱资料收集也有相应限度，此处仅举例介绍几个。

(1) 戴氏

徽州戴氏出于春秋时宋国，东晋初年，中书侍郎戴夔迁居金陵。梁朝末年，中书侍郎戴悼迁居篁墩，曾与程灵洗同起义兵拒侯景之乱，拜武威将军、豫州刺史、开府仪同三司。唐朝末年，都使戴护迁居婺源之桂岩，天祐年间，太尉陶雅、尚书汪英武命戴护率师平定汪豦、余公美之乱，累著勋绩。《新安文献志》中保存有他的传记一篇，为《戴虞侯传》。

戴虞侯护者，其先自袁州宜春徙新安，至护始居婺源凤亭里。性刚果，有武力，值巢贼乱后，草窃蜂起，护倡义与乡人团结自守。会杨行密都督东南行营，以陶雅镇歙州，汪武镇婺源，雅闻护名，荐补先锋突将、都押衙兵马使。时土贼余公美作乱，雅遣指挥使张洪等自衢州白沙镇进讨，命护佐之，公美就擒，进补厢虞侯。已而汪豦、余知礼等以次啸聚，武檄护率所部掩击之，护戮其渠魁，释其胁从，一乡晏然，时天祐三年也。护寻卒，雅表其子寿代领其众。吴顺义，申官至婺源左建威指挥第二将，卒。徐知训复表其子安为右军衙前总管，充饶州左豹捷指挥第一、都虞侯。安守饶甚有威惠，南唐保大中，官至银青光禄大夫、检校国子祭酒、监察御史、上柱国，卒于饶州，诏葬乐平榔槟山。土人感德，立祠祀之，子孙居婺源桂岩及休宁隆阜甚盛。

戴安生四子：靖、奢、端、竭。戴奢迁居休宁隆阜，其后裔成为徽州戴氏最强盛的一族，清代著名思想家、学术大师戴震就是隆阜戴氏的后裔。

明代戴氏家谱中的隆阜村居图

（2）毕氏

徽州毕氏以西周时毕公高为得姓始祖，始迁祖毕师远，字元功，祖籍河南偃师，唐末进士及第，为永州司马，调歙州金书判事，居官恺悌惠爱，因战乱不能归返故乡，遂筑室居于歙县篁墩。关于毕氏迁居徽州的详细经过，宋淳祐十二年（1252年），歙县御史吕午撰写的谱序是这样说的：

其先本姬姓后，自东平初少卿憬黄门监构居河南，传而迄师远，司马永州，因家焉。再调吾歙，中散大夫、金书判事，卒而墓于黄墩，子衡，迪功郎、歙州教谕，唐末世昇，寻复不归，遂筑居中散大夫墓侧，此歙之有毕氏也。

至于徽州毕氏从篁墩分迁的基本情况，据毕氏家谱，毕师远有三子：长子衍之子徙池州石埭，仲子衡世守庐墓而家篁墩，幼子卫之子烈而衢州而信州弋阳。衡生二子：文龙、文虎。文龙曾孙世仁迁休宁碧溪。世仁孙二人神护、才护，才护九世孙宗胜迁休宁双溪。神护五子，纶、绩、纬仍居碧溪，绍徙休宁陈村，经迁歙县长陔。经曾孙景镇由长陔迁休宁闵川，景安迁歙县城北市。文虎四世孙汝霖迁歙县石耳，又数世复迁邑之嘉田。

记载始祖迁居篁墩的明代毕氏家谱

(3) 俞氏

徽州俞氏自称出于晋征西大将军俞纵之后，唐代末年，十八府君俞植与其父俞沆由宣城避乱于歙县篁墩。俞植季子俞宗，字宗大，称唐三府君，迁徙于婺源县长田，成为长田俞氏始迁祖。其后的分迁如下：

俞植有二子，长子奈，迁江西饶州。俞植次子茂，生四子：长子天祉，徙大詹材，其孙六公迁石砚，七公迁休宁山斗，八公迁建康，九公居詹源；次子天祐，徙县市；三天福；四天禄，世家长田。徽州其他各地的俞氏，如歙县岩寺、休宁万安、山斗等地俞氏都是从长田分迁而出的。

除了前述《新安名族志》中已经提及的宗族之外，还有一些宗族，虽然在名族志中没有提到曾经迁居篁墩，但是在家谱中却有明确的曾居篁墩的记载，以下列举的是其中比较突出的几个大宗族。

（4）许氏

徽州许氏自称祖先出于唐朝忠臣许远，许远六世孙许儒，生当唐末，不义朱梁，迁居徽州。许氏家谱中，有一篇宋嘉祐元年（1056 年）宰相王安石所撰写的许氏世谱序，回顾了许氏家族迁徽的经过：

明代许氏家谱中的许村图

唐亡，远孙儒不义朱梁，自雍州入于江南，隐居歙之黄墩，终身不出焉。儒生稠，迁许村始祖。稠沈毅有信，仕江南李氏，参德化主军事。稠生规，规好道家言，不以事自恩，尝羁宣歙间，闻旁舍呻吟呼，就之，曰："我某郡人也，察君长者，且死，愿以骸骨属君。"因指橐中黄金十觔，曰："以是交长者。"规许诺，竟负其骨千里，并黄金，置死者家，大惊，愧之，因请献金如亡儿言，以为君寿。规不顾，竟去。于是闻者滋以规为长者，卒葬池州，后以子故赠大理评事。生遂、邈、迥三子，遂善事母，里母励其子辄曰"汝独不惭许伯通乎？"祥符中，天子有事于泰山，加恩群臣，邈当，迁让其兄遂，天子以遂为将作监主簿。遂子俞，字尧言，名能文章，大臣屡荐之，有与不合者，官以故不遂。尝知兴国军大冶县，县人至今称之。俞两子，均埧为进士，邈字景山，尝上书江南李氏，叹奇之，以为崇文馆校书郎。岁终，拜监察御史。后复上书太宗论边事，宰相赵普奇其意，以为与己合。知兴元府，起鄜侯，以利民。治凤荆扬三州，为盗者逃而去。其事兄如事父，使妻事其长嫂如事母。故人无后，为嫁其女如己子。有子五人，恂，黄州录事能军；恢，尚书虞部员外郎；怡，今为太子中书签押，淮南节度判官厅公事；元，今为江淮荆湖两浙制置发运使；平，泰州海陵主簿，五人者咸孝友如其先人，故士大夫论孝友者归许氏。元以国子博士发运判官，七年遂为其使待制天章阁，自天子大臣莫不以为奇才，其功烈方在史氏记，余故不论，而著其家行云。迥，字光远，其事母如伯通之孝事其兄，如景山之为弟也，慷慨有大志，少尝仕进，后不复仕，卒与其兄俱葬颜村。有子会，方壮时亦慨然好议天下事，今为太庙斋郎。临川王安石曰：余谱许氏，自据以下其谱传始显焉，然自许男见于周，其后数封而有纪之子孙多焉，于是论之。夫伯夷之所以佐其君、治其民，读书未尝不喟然而叹息之也。传曰"盛德者必百世祀"，若伯夷者，盖庶几焉。

此序已经提及许儒迁居篁墩及后裔分迁的基本情况。今天存世的许氏家谱，最早的是明隆庆四年（1570 年）歙县许村许可复纂修的《新安歙北许村许氏东支世谱》，依据该谱，许儒的四个儿子知柔、知稠、知善、知节及其后裔从篁墩的分迁情况大致如下：

知柔，字纯济，迁居饶州乐平洺口。

知稠，居昉源。

知善，迁休宁董源。

知节，迁婺源杨村。

知稠九世孙理居东村，为许氏东支，璙居西村，为许氏西支。许璙的后裔迁往外地的很多，明代著名大臣许国、近代著名诗人、学者许承尧都是许氏西支的后裔。

（5）金氏

徽州金氏各派均称出于汉秺侯金日磾，但各派迁居徽州的经过有所不同，其中休宁珰溪一派的祖上曾经在唐末避难于篁墩。隆庆二年（1568 年）刊刻的《珰溪金氏族谱》中有如下记载：

予氏之得姓，说者谓出少昊，邈不可考。汉秺侯日磾以内附功得姓金氏，其后七叶为侍中，世居长安，子孙流派，海内奕布星旬，难以数计。吾休白茆一派则自长安避黄巢乱而来（郡志载黄巢之乱，中原衣冠多避于此），初投歙黄墩，巢灭，居白茆，历五季迄宋改元初，予十七世祖七府君又由白茆迁石田，是予一族之初祖也。石田二府君尽室迁洲阳，六世予九世祖六十府君又自洲阳迁珰溪，石田、洲阳、珰溪皆联壤在白茆西二十五里。据白茆谱，自梁开平至宋咸淳，科第之盛，岂惟吾宗，或各宗莫之及。由白茆迁者不知其几，而珰溪一枝代有文流达宦，名绩著业，足以媲美，见于一统志郡且志诸书可征。

据家谱记载，珰溪自六十府君四世孙以后，析为九小支，即总管公支、宣使公主簿支、宣使公同知支、宣使公录事支、教谕公支、参军公山长支、参军公主簿支、参军公大使支、齐谕公支，其中势力最大的当属总管公支和参军公大使支。珰溪金氏在势力和影响上不如休宁汪溪的金氏（非出于篁墩），但也是徽州的强宗大族之一了。

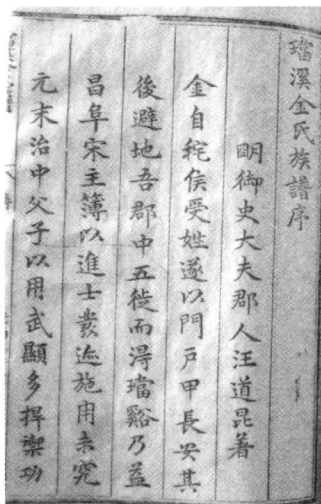

明隆庆刻本珰溪金氏家谱

（6）项氏

中国的项氏有两大来源：一出自姬姓项国，其地汉改为项县，属汝南郡，故称为汝南项氏；一为楚灭姬姓项国后，封其大将于此，也姓项氏。这支项氏最著名的就是西楚霸王项羽。徽州项氏是汝南项氏后裔，其始祖叫项明远，乳名季节，字彦光，行泰五，是唐代诗人项斯之孙。昭宗天祐年间，项明远由歙县篁墩迁入婺源龙源项村，其后裔除居于婺源之外，还外迁到德兴续溪、浮梁长山等地。

（7）林氏

林氏自称出于商代大臣比干之后。据林氏家谱记载，林禄在东晋初年随琅琊王南渡，任晋安太守，居于福建。唐代末年，林端曾任兵部尚书，曾与其子在歙县篁墩同黄巢作战，后迁浮梁县。宋徽宗时期，林如一出任杭州郡守，经过祁门县赤山镇，因方腊起义，不能赴任，于是迁居祁门林村，这是徽州林氏的由来。

（三）篁墩宗族迁徙传说的实质与意义

前文已经列举了众多中原世家大族移民徽州，迁居篁墩，然后从篁墩分迁的历史经过。实际上，根据今天学者的考证，家谱中记载有迁居篁墩历史的要远多于此。徽学专家刘伯山先生曾专门著文，依据他所收集到的资料，认为42个宗族曾经有迁居或保祖于篁墩的历史，其中又有31个是为了躲避黄巢之乱。可见，前方所列举的还远非全部。这里，有一个重要问题是必须要解决的——真有那么多宗族曾经投奔过篁墩吗？

迁居篁墩的各大宗族，绝大部分是为避唐末黄巢之乱，以便在黄巢"不杀同姓"的原则下获得庇护，则黄巢与篁墩大有关系，其间真实情况究竟如何？这值得研究。

徽州如此众多的宗族在唐末避黄巢之乱而迁居篁墩，早已引

潘氏之先相傳爲畢公子季孫公後食采於潘因以爲姓封於滎陽因以爲郡

歷世久遠支系不可考唐僖宗朝逢時公諱名曰閩之三山來刺歙州去官日

父老許士元等遮道攀留遂家於歙之西篁墩葬潘村文筆山歷經勒石禁止

樵牧再傳至大震公諱碧徙居孝女鄉在今大阜後山葬上塢累傳至明德輔

公諱祐自後山遷山南創建宗祠祠中宗譜歷代世系雖存不無傳聞異辭不

摒蕪陋歷敘宗支以刺史公爲遠祖而以德輔公爲本支始祖庶祖塋昭穆俱

有可考後世子孫知水源木本之意云爾是爲序二十八世孫冕謹譔

记载祖先出自篁墩的潘氏家谱

起学者的关注。南宋时，休宁著名学者程大昌即对此现象深感困惑，并曾亲到篁墩当地进行调查，得出了自己的结论：

黄墩惟其尝有显者如忠壮父子也，则凡程其姓而曰出自黄墩尚有依。并至江浙士大夫非程氏族姓，而自言系出黄墩者甚多，大抵州州有之。由其族派四出者而想其未徙之初，居舍井邑略可敌一壮县，乃与前闻相当。大昌自少及长，因尝往来其地，以所见揆所闻，乃大不然：路旁居屋仅可一二十家，稍北有草市，甍栋差多，亦不能与之兼倍，余尽稻田蔬圃，而又两山夹互，不至恢广，若谓尝有数十百家居之，则其地决不能容也。古今虽殊，而度土论居，其方广可算也。且铜雀台之废距今已近千载，而魏世陶瓦尚未为土，若此地诚居数十百家，其瓴甓之类何以全无一存也？是故大昌疑旧传之溢为实也。夫惟尝有此疑，凡遇人辄以举问，积久，有老人言曰："黄巢乱天下，所过杀戮无噍类，宣歙十五州亦残破焉。独以黄者己姓也，故凡姓氏州里山川但尝系黄为名者，辄敛兵不犯。此时衣冠有尝避地于此而得全其族者，乱定他徙，不敢忘本，则曰：'吾之系实出黄墩也。'以是知他姓之望黄墩者，皆其暂寓而非土著也。"予得此说而质诸史，知其可据可信也。盖巢素尊谶，当其入闽，凡人自名为儒者，巢党辄皆不杀。又尝离合广明字画，谓去丑口著黄者，实为代唐之谶，其信谶可以类推矣。所谓"护黄不犯"者，其说不为无本矣。是知巢之为乱上距梁陈且四百年，则他族之自黄墩而徙者皆其暂寓，而不得命为黄墩人也。独忠壮世居其地，远在梁陈之前，而程姓之著海宁为最久，故大昌之于世系信其所出之为黄墩也。

程大昌怀疑"江淮士大夫非程氏族姓，而自言系出黄墩者甚多"，是传闻之溢，所疑甚是。程大昌经过对篁墩的实地调查，认为当地不可能容纳那么多的宗族居住，也没有任何的遗迹表明当地曾经居住过那么多人。这说明他为学实事求是，难能可贵。但是，程大昌引当地老人之言称黄巢不杀篁墩之人，所以他姓在战乱中曾暂寓篁墩以自保，而程大昌认为黄巢相信谶语，老人之说可信。程大昌将老人之言载入家谱，成为日后解释徽州宗族篁墩迁徙传说的重要依据，这一点在前面所引的明清时期各大宗族的家谱中已经非常常见了。

历史上，黄巢军队确实到过徽州，但正史与地方志的记载都非常简略，只有唐末程淘的谱序中提及黄巢军队攻入篁墩的详细情形：

> 自淘而上，止忠壮公，凡十三世，世居黄墩。乾符五年，岁在戊戌，端午日，黄巢别部入黄墩，淘之族人逃难解散，贼众遂营本宅，攻劫川谷，荡涤殆尽。至仲秋初，黄巢收所部犯阙。

程淘是黄巢入歙州的目击者，所以这段史料价值很高。它说明进入徽州并非黄巢本人，而是其部将。黄巢部将曾经攻入篁墩，忠于李唐的程氏家族遭到沉重打击，"遂营本宅，攻劫川谷，荡涤殆尽"，被迫四散逃亡。所谓黄巢"不杀同姓"的特殊待遇在很大程度上只是一种传说，而不能视为历史的还原。黄巢部下攻入篁墩后，连当地的程氏家族都被杀得"逃难解散"，其他各姓逃灾避祸，千里迢迢，在惊涛骇浪中是否都曾经到过篁墩，是很难确认的。

从这段记载中还可以得知，一些宗族的家谱中关于祖先曾经在篁墩与黄巢作战的记载也只是一种宗族内部的传说而已。有的家谱，如曹氏家谱中甚至称其祖先曾"诛巢于歙之黄墩"，这是绝无可能的。黄巢本人并未到过篁墩，而其部下则将当地"荡涤殆尽"，曹氏祖先怎么可能在篁墩"诛巢"呢？这显然是后世子孙夸大的说法。

从这个角度来观察，会发现一个很有意思的现象：家谱中提及祖先出自篁墩宗族的数量是随着时间的推移而不断递增的。在现存的家谱文献中，如程氏、黄氏、朱氏、张氏家谱文献中，很早（一般在北宋或北宋以前）就有祖先出自篁墩的记载。而有的宗族，如武口王氏的家谱，北宋嘉祐三年（1058 年），王汝舟九族图序称："王氏世居千秋里王村，其远不可记，今吾宗之先自始祖六府君，讳翔，生一子，即二代祖二府君，讳延钊。"显然此时王氏家族对自己迁徽的由来并不十分清楚了，也没有任何曾到过篁墩的记载。北宋元符三年（1100 年），王汝舟再作重阅九族图序，同样没有提供任何有关始祖迁徽的记录。直至南宋绍兴元年（1131 年），休宁藤溪派的谱序才宣称："其先有讳希翔者，唐乾符中避黄巢乱，自宣州迁黄墩，广明元年复徙家婺源武口。"出现了祖先到过篁墩的记载。南宋嘉定四年（1211 年），王炎采纳并推广了这一说法："广明中自歙之黄墩徙家婺源者讳翔，是为武口王氏之始祖。"可见武口王氏家谱对祖先迁居篁墩的记载，是有一个从无到有、从略到详不断增补的过程的。

075

有些宗族的家谱中关于祖先到过篁墩的记载，可以肯定出现得非常晚，如徽州洪氏一向分为两派，聚居于婺源轮溪的一派自称为共工之后，汉末为避仇以洪易共，世望敦煌。该派洪氏族谱有宋绍兴十一年（1141年）洪遵序、淳熙元年（1174年）洪迈序，二者都没有提篁墩。嘉靖年间的《新安名族志》于洪氏婺源轮溪条下记作："唐崇贤殿学士孝昌之孙曰昺，居歙之洪坑，昺生师敏，师敏生延寿，为长史，始迁于此。"但到了乾隆八年（1743年）洪氏修谱，上述记载变成了："昺公与弟昰学于陆参，贞元十八年参刺歙，昺、昰从之游，遂家于黄墩。"显然，该派洪氏家谱中祖先到过篁墩的内容直至清代乾隆年间才最后形成的。

显然，徽州宗族迁徙史中的篁墩传说，并不是因为祖上一定到过篁墩，而是另有原因的。这些原因，大致包括如下几个方面：

一是篁墩自身确实具有特殊性。

篁墩是程氏家族的祖居地，这从程淘所称"自淘而上，止忠壮公，凡十三世，世居黄墩"，可以得到明确的验证，而忠壮公程灵洗则是徽州著名的区域英雄之一。篁墩又被朱熹家族确认为祖先的居住地，而朱熹作为理学的集大成者，其地位在宋代晚期以

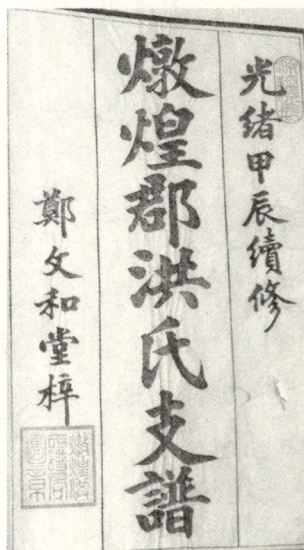

敦煌洪氏支谱

后不断攀升，达到了孟子以后儒家学者所能达到的顶峰。程朱两大家族与篁墩渊源极深，这是篁墩独一无二的重要资源，也是它特殊性的充分体现，篁墩也因此逐渐成为整个徽州区域的文化象征。概括而言，篁墩地望的升值是有一个过程的，肇兴于南北

朝，继于宋元，而勃兴于明，尾声延续至清，这一点在本书中已经得到了充分的展现。

二是徽州宗族对自身宗族迁徙的历史回顾与叙述中出现了日益明显的趋同性。

徽州原本是南方开发较晚的地区，有学者曾称徽州"在汉代之前的历史几乎完全埋在黑暗之中"。汉代人认为，新安江水系"出南蛮夷中"，当地居民是"深林远薮椎髻鸟语之人"。这些记载都反映出，在当时的中原汉族士绅的眼中，徽州是夷蛮之域。虽然早在东汉末至六朝时期，由于北方的战乱，已经有了相当数量的中原汉族移民进入徽州，但徽州文化的质变是在唐末五代时期。宋代的徽州文化则出现了"井喷式"的迅速发展，教育发达，著述繁富，学者辈出。

随着徽州文化的迅速发展，徽州人对自身历史文化的回顾和叙述也日益增多，反映宗族自身的历史文献——家谱也开始大量出现。但那些早期的家谱纂修者面临着多方面的严重困难，其中最大的困难莫过于文献的残缺。从家谱的记载来看，许多宗族是在兵燹战火中匆忙迁入徽州的，在那种颠沛流离的日子里，反映自己历史的文献和家谱资料往往难以得到保存，因此，几乎所有现存的家谱中都谈到了纂修家谱时遇到了文献不足的严重困难。在这种情况下，徽州宗族在家谱中回顾自己的早期历史，尤其是进入徽州前后那一段最为动荡时期的历史时，往往语焉不详，颇有"巧妇难为无米之炊"的窘态。

另一方面，徽州又是一个等级森严的宗族社会，这在许多文献中都有反映。如清代康熙年间休宁人赵吉士称：

新安各姓，聚族而居，绝无一杂姓搀入者，其风最为近古。出入齿让，姓各有宗祠统之，岁时伏腊，一姓村中千丁皆集，祭用文公家礼，彬彬合度。父老尝谓新安有数种风俗，胜于他邑，千年之冢，不动一抔，千丁之族，未常散处，千载之谱系，丝毫不紊。主仆之严，数十世不改，而

077

宵小不敢肆焉。

又如清代嘉庆年间歙县人江绍莲称：

家多故旧，自六朝、唐、宋以来，千百世年系，比比皆是。重宗谊，修世好，村落家构祖祠，岁时合族以祭。贫民亦安土怀生，虽单寒亦不肯卖子流庸。婚配论门户，重别臧获之等。即其人盛资厚行作吏者，终不得列于辈流。苟稍紊主仆之分，始则一人争之，一族争之，既而通国争之，不直不已。

在等级如此森严的宗族社会中，一个宗族是否能位于名族之列，关系到该宗族的身份地位、社会声望和利益分配，这是生死攸关的大事。家谱是反映一个宗族是否能进入名族之林的直接依据，因此，家谱中对祖先历史的记载是否清晰、明确是非常重要的，否则，如果连自己的来源都说不清楚，从何而谈"名族"呢？

历史上的战乱造成了客观上的文献不足、历史模糊，这与宗族主观上要求建立起清晰、明确的历史之间形成了严重的矛盾，为了化解这一矛盾，徽州宗族在对移民徽州早期历史的回顾中逐渐出现了同一性极高的"篁墩传说"。篁墩作为徽州的区域象征，甚至像高攀龙那样还称为"天地山川灵气所钟异"，也因此自然成了提高宗族地位的重要资源，取得"程朱阙里、东南邹鲁"的出身，对内可以提升宗族的自豪感，增强凝聚力和向心力，对外可以增强与其他宗族抗衡的实力。各宗族竞相建立与篁墩的历史联系，具体事迹难有确证的唐末各宗族迁居徽州的移民历程，被演绎为具有高度同一性的篁墩传说，以至形成了一股不可遏止的社会风气。此种风气的盛行，到了清代，终于形成了"南中望族之谱，什九皆出黄墩"的大格局。

从这个意义上说，如此众多的徽州各姓家谱中的"篁墩传说"，并非绝对是历史的真实还原，但却寄托了后世子孙对祖宗的深切怀念、对光宗耀祖昌大门楣的强烈追求，其意义绝不仅仅

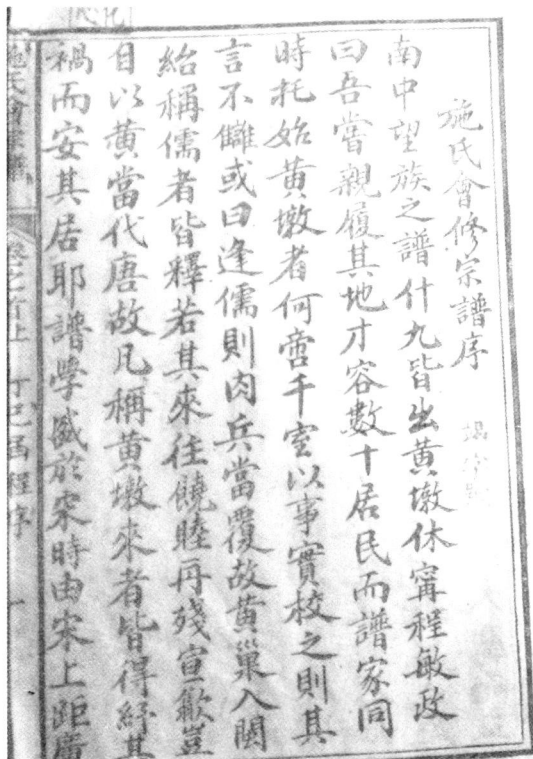

施氏家谱序："南中望族之谱，十九皆出黄墩"

是一种历史的叙述而已，而是具备了信仰上的意义！展开徽州各姓家谱，人们的眼前仿佛出现了这样一幅画卷：

李唐王朝的末年，战乱丛生，黄巢大军四处征伐，金戈铁马，所到之处满目疮痍，尸横遍野！然而篁墩村却因改名为黄墩，与黄巢同姓，受到了"同姓不杀"的特殊优待。于是，全国各地尤其是北方中原地区的世家大族、皇亲国戚，乃至于像三田李氏祖先那样的皇子龙孙，都纷纷躲避到了篁墩村。在那些风声鹤唳的日子里，鲜血染红了华夏大地，唯独篁墩村依然风平浪静，炊烟袅袅，草木不惊……于是，在战乱平息之后，各大家族迁出篁墩后，纷纷将这个为自己提供了庇护的小村子记载在了神圣的家谱之中，代代相传，子子孙孙，永志不忘……

这样的场面当然是足以催人泪下的。今天有人称"北有大槐树，南有石壁村，中有古篁墩"，即是说与西北移民中的"山西洪洞大槐树"、南方客家移民中的"江西宁化石壁村"一样，篁墩也是中国移民史上的圣地！

程氏代表参观篁墩程朱阙里文化陈列馆

（四）程黄争墩

在众多与篁墩有关的宗族中，程、黄、朱是最为重要的三个，本书在开篇中就提到了这一点。朱氏由于很快就迁出了篁墩，与篁墩的联系尚不如程、黄二姓来得密切，程、黄二姓则是与篁墩关系最为密切的两大宗族。

程氏宗族由于程灵洗的关系，很早就与篁墩有了密切的联系，程淘在谱序中说"自淘而上，止忠壮公，凡十三世，世居黄墩"，说明程氏家族的确曾长期在当地居住过。在程灵洗去世之后不久，当地就建有祭祀他的专祠，徽州历代名人的碑碣、题咏数不胜数，比较有名的如宋代《新安志》作者罗愿撰写的《歙黄墩程忠壮公庙碑》，称颂程灵洗不但"以立功显名于时"，而且"能使其乡百世思之"，是当之无愧的英雄豪杰。从碑文中也可知道，程灵洗墓旁很早就建有祭坛，宋代开始建有专门的祠庙，号称"世忠庙"，庙内有多方石碑，刻有历代王朝给程灵洗加封的诰敕，另有历代官府下令保护世忠庙的石碑多块。其左侧后来又建立了新安程氏统宗祠，是整个徽州程氏的宗族祭祀中心。康熙年间，二程后裔来徽州祭祖后，又建起了二程夫子祠。程氏在篁墩的众多大型建筑，加上程灵洗之墓，充分显示了程氏宗族与篁墩极为密切的联系。

2010 年程氏重修程灵洗墓园

　　黄氏宗族自始迁祖黄积迁居篁墩之后，黄积及其后的十代祖先都葬在篁墩，与篁墩关系的密切绝不在程氏之下。然而，这些祖先中没有程灵洗那样功勋卓著的英雄豪杰，后代子孙大多迁居外地，仍居住篁墩当地的寥寥无几，因此，黄氏在篁墩建立祠庙要比程氏晚得多。明代万历年间，徽州黄氏各派在篁墩建立黄氏宗祠，每年二月二十日黄积生日时，各派共同出资祭祖，名为"黄墩大会"。到了清代雍正年间，黄氏各派进一步出资赎买了相当数量的田产，作为维持篁墩祠庙的固定资产。雍正九年（1731年），休宁五城派黄杰将有关文献刊刻成册，并作了一篇《培本录序》：

尝观天下之物未有无所本者也，川流万里，出于其源源者，水之本也；木挺千寻，发于其根根者，树之本也。至于人具五行之秀，为万物之灵，其气脉之相承，支派之蕃衍，条分缕晰，犹水之出而不穷；叶茂柯荣，若树之发而莫遏。揆厥由来，则皆本之于祖，是祖乃人之本也，顾可忘其所自始乎？如我黄氏为斗南著姓，支分派远，原其始，莫不本于新安太守元集公之一人。公于东晋时莅任吾郡，其殁也，葬于歙之黄墩，故黄墩祖墓实为诸黄发祥之地。各派云蒸霞蔚，棋布星罗，支裔何啻数万万！其间或隐或仕，宦业文章照燿今古，诚为新安之名族，苟非吾祖积德累仁，植本深厚，安能致其后之发皇光大也如此！后之人不思有以培之，将水源木本之谓何？宜前之象贤峻其祠宇，肃其烝尝培本之念感发于中而不容已也。溯万历二十二年，各派公议，创立祠规，阄定轮流为首，准其二月二十日齐集黄墩大祠，设祭奉祖，祭毕款待各派酒筵，名曰"黄墩大会"。每会约费数十金，甚盛典也，但未立公贮其所输赀，各派自领，至期上利，仅合数金，不敷于用，致力歉者视为畏途，纵或勉强承值，实难为继，间有罢其事者。缘是石岭本支曰朝禄字资贤者，毅然以尊祖睦族为念，于雍正癸卯春偕其族耆曰之清字子澄者，特诣五城，向余而言曰："黄墩大会无田以供粢盛，非久计也。祖家盍出启以邀各派，当必群相踊跃而立成其事。"余曰："唯唯。"会余支掌祠事曰经纶字思能者，务本人也，力为怂恿。余于是率成小启，合石岭之支，遍走歙休各派，呈启奉邀，谬蒙诸宗长许可，欢然批助。余等不惮跋涉，历数寒暑，今已陆续收过资若干两，次第买成田若干亩。据启，所批有全付者，有未楚者，亦有批而竟未出者，事历多年，难以久待，为此刊成《培本》一录，将经收各派之银、置买各宗之田，以及税亩字号土名佃户逐色开明，恭呈各派公电。另存一本于匣，俾首家有所稽查，便于经理，此录之所由刻也。曩年，潭渡族彦宗夏清理楚中祖墓，有《溯源录》之刻，敦本澄源，大有裨于合族。余兹"培本"云者，名虽异而意则同，吾知阖族仁孝之士同此继志述事之心既已远溯其源，更必近培其本，奋然振兴以踵事增华，将见田产日多烝尝益盛，地无论遐迩，悉得展其尊祖之心；派无分盛衰，均能尽其敬宗之念。祀事孔明而降福孔皆，虽藉祖灵之歆佑，全凭各派之匡襄，余小子等曾何力之与有？用是陈其梗概，以求大雅之鸿章，俾得勒石于祠，以传不朽云。

黄杰刊刻的《黄墩祠墓》中记录拥有的田产的详细资料，共计有田二十余亩，加上每次集会时各派赞助的经费，是篁墩黄氏宗祠能够获得长期支持的物质基础。

黄氏家谱中的篁墩始祖黄积墓图

明代晚期以后，程、黄两大宗族在篁墩都有自己的宗祠和祖墓，关系都极为密切。围绕着篁墩的村名问题，双方展开了相当激烈的辩论。

关于篁墩的村名问题，本书从一开始就涉及甚多。概括起来，明代景泰以前的各类记载中，只有黄墩，而没有篁墩。明代景泰年间，程孟纂修《新安程氏诸谱会通》，第一次提出这个村子原本以多竹出名，原名为篁墩。不过，程孟之说仅仅出现在家谱中。成化十四年（1478 年），程敏政到篁墩祭祖，撰写了《篁墩书舍记》：

予独嘅夫循吏忠臣赐第庙食之所，而污于僭乱之姓七百余年，卒无觉其非者。因大书篁墩二字揭诸故庐，且借重于作者一言，使后世知此地之获复旧名自予始云。

程敏政遂公开将村名改为篁墩，并编成《篁墩录》一书刊行于世。篁墩之名的出现是拜程孟之赐，而大行于世，则是由于程敏政的影响。

进入弘治年间后，程敏政两度遭厄，以至下狱论罪，再无成化时的意气风发，其间曾两度为黄氏家谱作序。《古林黄氏续谱序》云："黄之先曰元集，为新安太守，始家于郡。四世孙碧璇居郡之黄墩。"《五城黄氏会通谱序》则说："琬之后曰积，仕晋为新安太守，卒葬郡姚家墩，子寻因家焉。"古林与五城黄氏皆为世家大族，程敏政撰序皆依其家族旧谱，不敢发挥篁墩之说，更不敢说出"污于僭乱之姓七百余年"云云，实不啻自承己非。

尽管如此，由于程敏政的影响很大，篁墩之名逐步获得官府承认，并载入了地方志。弘治十五年（1502 年），婺源人汪舜民主修《徽州府志》，程敏政之弟程敏德参加了纂修，该志卷一山川条下，作"篁墩湖"，卷二古迹条下作"篁墩"，称："在今县西南三十里，以其地多竹获名"，"广明中，巢贼经过之地，遇有黄姓则不杀，衣冠大姓避地者改为黄墩，相保于此。后平定，稍迁居他处。休宁篁墩程学士有辩"。完全采纳了程敏政的说法。

程孟、程敏政改易村名，即便是在程氏宗族内部，也是有争议的。如祁门善和人程昌即认为程敏政公然改名不妥：

> 统宗谱朱书篁墩派，盖墩本名黄，谕德改作篁，又作《篁墩录》以解嘲，其序曰："墩本名篁，至黄巢之乱，惟土名黄者不犯，居人因更篁为黄，以冀免。"昌按唐国子祭酒淘家谱序，有曰："淘而上至忠壮公凡十三世，世居黄墩。"夫淘与兄御史中丞沄同起兵拒黄巢者也，岂亦畏巢而改其所居之地名以冀免于巢乎？又按宋学士大昌谱序，有曰："黄巢之乱，惟黄姓及地名黄者不犯，此时衣冠多避地于此。"大昌亦未尝言墩旧为篁，而改为黄也。改黄为篁，实自谕德始，后人多不敢从。

休宁富溪人程瞳更指出程敏政《篁墩书舍记》与《篁墩录序》所言有自相矛盾之处：

> 《记》既曰"考诸谱牒群志莫知所以得名之由"，《序》复曰"考之家谱"云云，亦可见其自相矛盾也……盖厌常喜新，常人之情，抑邪兴正，君子所急，此槐濒所以启之，而学士所以更之也。二字固非谱牒之关键，然征之既未得其实，不若仍基旧之为愈也。故今犹以黄为正云。

程敏政改易村名，尤其是将黄姓称作"僭乱之姓"，在黄氏宗族中激起了严重不满。嘉靖年间，祁门人黄积瑜修《新安左田黄氏正宗谱》，对篁墩之称提出了异议：

> 按，黄墩古名姚家墩，厥后吾祖东晋时葬居于此，因名为黄墩，自晋迄今，文献砧矶册籍、元明经理及急递铺皆以黄墩为名。按，程公忠壮，郡志载休宁篁墩人，而程学士因以为号。弘治间修郡志，学士以休之篁墩易古歙之黄墩，其字义不同而地分殊远，虽童子亦不能掩，岂有异地而号者哉？

黄积瑜以为休宁另有篁墩，而程敏政在弘治年间修府志时以休之篁墩代歙之黄墩。其实，程敏政所称休之篁墩即歙之黄墩，只不过程灵洗时篁墩属海宁县，即后来的休宁县，并非两地。弘治府志纂修时程敏政已经去世，参与修志的是程敏政的弟弟程敏德。故黄积瑜之议并未抓住要害，但已经正式拉开了"程黄争墩"的序幕。

2012 年 3 月，黄氏代表在篁墩祭祖

弘治《徽州府志》之后，嘉靖四十五年（1566 年），何东序所修《徽州府志》、万历三十七年（1609 年），张涛所修《歙志》皆列入篁墩之名。万历《歙志》还收入了吴修的《复篁墩记》，清代所修《徽州府志》与《歙县志》都遵循了前例。万历、雍正年间的《程朱阙里志》，黄墩与篁墩二名并列。篁墩之名为方志所接受，而且有逐渐多于黄墩之势。

一连串的事态发展，使黄氏宗族产生了危机感，而明代晚期与清代早期徽州各界大规模的"程朱阙里"建设运动，更让黄氏学者感到不能坐视，不约而同地发起了大规模反击。康熙年间，歙县潭渡派黄生先后两作《篁墩辩》，对程敏政及篁墩之名进行了猛烈批判：

> 歙之南有地名黄墩，自吾黄氏始也。本名姚家墩，东晋时我祖黄元集公来守新安，卒葬斯地，子孙因家焉，其后黄氏益繁，故墩之名变姚而黄，从其盛也……至今每岁仲春合族而祭于黄墩之祖墓者，犹十有三派。其远而不至者，不在是数焉。夫黄墩之为黄也久矣，其自吾黄氏始也著矣。

> 异哉，乡先达程敏政学士之为《黄墩书舍记》也！……呜呼！是何考之不审，而轻于为说若是耶！……盖两姓之祖，东晋时并为新安太守，其莅政之先后虽不可知，然吾谱犹本其始名，谓之"姚家墩"，而程谱则止云"黄墩"，不知有"姚家墩"之名，则知吾祖守新安而葬姚墩，而子孙因居之，固在程氏之先。及程氏来居则黄墩之名已易，其后子孙为谱，但书"迁自黄墩"无怪也。若夫易"篁"为"黄"以免寇难之说，既不见于郡乘，又不载于家谱，仅仅得之传闻，此真齐东野人之语耳，而可遽信其说，谓是墩污于僭乱之姓数百年无人觉其非耶！公虽为是记，又以"篁墩"自号，然黄墩之为黄墩自若。诚以吾家太守墓于此，祠于此，每岁子孙修祀事于此，其仪文之盛，舆从之多，倾动一市。虽妇人小子，亦心知黄墩本黄氏之故居也者，又奚事屑屑为此置辩乎？弟惜公为吾乡文人，其文必传于后，而考之不审，轻于为说。是故，不可以不辩。

黄生有力地证明了黄氏居黄墩在程氏之前，不存在以黄易篁的可能。黄生对程氏始迁祖程元谭的事迹进行了考订，指责程氏家谱及程敏政凭空妄造，最后还举出程敏政为五城与古林黄氏所撰的谱序，并无所谓篁墩之说，而是承认了姚家墩与黄墩，显然自相矛盾。黄生此辩可谓一语中的，无可辩驳。

休宁高仓黄之隽是稍晚于黄生的另一位知名学者，曾撰《黄墩辨诬》上、中、下三篇，四千余言，反复论证，指出黄墩之名自晋以后历一千一百余年，后世讹称篁墩是自程敏政作伪开始的。黄之隽举出了《太平御览》所引的唐代《歙州图经》，"载黄墩湖甚明，则唐以前之是黄非篁，自古记之，奚其复？"他更严厉地批评程敏政："实未尝居黄墩，以远祖之故，媢忌其为黄，而欲灭墩姓以争之，则盍径改为程墩哉？唯自晋以来，千百年口习耳顺者之万不能改也，乃巧为同音之篁以乱之，取为己号以牵系之……千古黄墩，凿空诬之以污贼姓，而移篁以灭之，何等情事也！"

黄氏的反击，切中要害，但地理名称则并不完全取决于学术争辩是否更有依据，而取决于非常多的现实因素。程黄同为徽州强宗大族，但程更强，《新安名族志》列其为徽州名族第一，在这场程、黄两大宗族的"争墩文斗"中，黄氏始终处于下风。自弘治《徽州府志》之后，官方文书多用篁墩。乾隆《篁墩程朱阙里祠志》中，一概作篁墩，其凡例中称："篁墩以地多竹名，后讹篁为黄，明学士敏政程公考古复之，志中讹字今悉改正。"对于其他各宗族来说，采用"篁墩"而非"黄墩"，可以摆脱始

今日篁墩

祖曾居黄氏之地的历史包袱，没有什么不利。于是成化之后，各族族谱中篁墩之称越来越多。如武口王氏，明天启三年（1623

年）所修《武口王氏统宗世谱》，其中所引王汝舟序、藤溪谱序、王炎序均作"黄墩"，而清代乾隆修谱时对原作"黄墩"者，一律改为"篁墩"。沿袭至今，篁墩成为主要的正式名称。不过，由于黄氏宗族的努力，黄墩之称也未完全消失，在若干家谱和文献中仍可见到。

徽州

089

四、徽州文化的象征

（一）程颢、程颐与篁墩程氏

隋文帝开皇九年（589 年），隋兵攻陷建康，陈朝灭亡，程灵洗的子孙失去了原先的显赫地位，其后裔除了留居新安故乡之外，有很多迁徙、外出定居外地的，其中的一支迁到了河北博野县（古代曾属于中山国）。五代年间，博野人程秀生二子，长子程諲，次子程俶。程俶生子程羽。程羽（913—984 年），字仲远，五代后晋天福年间中进士，先后做过山西虞乡、陕西醴泉、四川新都等地的县令，每次都很有政绩。宋太祖开宝年间，选为两使判官，太祖向他询问政事，他对答如流，甚合心意，升做著作郎，不久离京做兴州知州。开宝八年（975 年），升为开封府判官。当时太宗赵光义为开封府尹，程羽性情淳厚，做事严守规定，谨慎小心，受到了赵光义的重视，把他视作长辈。太宗即位后，拜程羽为给事中，出任开封府知府，从此仕途通达，一路高升，先后担任过礼部侍郎、端明殿学士、文明殿学士、兵部侍郎等要职，是当时的知名大臣，深受太宗的信任。宋太宗将开封泰宁坊一处宅邸赏赐给程羽，程羽于是迁居开封。不久之后，程羽将祖先骨骸迁葬到洛阳郊区，举家定居洛阳。中山博野程氏子孙有很多人从此迁居河南洛阳，成为河南程氏。河南程氏在宋代出过不少名人，程諲的玄孙程琳（985—1054 年），在宋仁宗时期曾经出任宰相，政绩卓著，事迹载入《宋史》，是宋代河南程氏中官爵最高的一位。不过，河南程氏在宋代最知名的人物，当数程羽的玄孙程颢、程颐兄弟。

程羽生子程希振，曾经做过员外郎，他有三个儿子，次子程遹曾任黄陂县令。程遹也有三个儿子，长子程珦，字伯温，历任黄陂与庐陵二县县尉、润州观察支使、殿中丞等职，勋上柱国，封爵永年县开国伯。程珦有六个儿子，程颢排行第三，程颐第四，由于其他四兄弟皆幼卒，真正长大成人就是程颢、程颐兄弟二人。

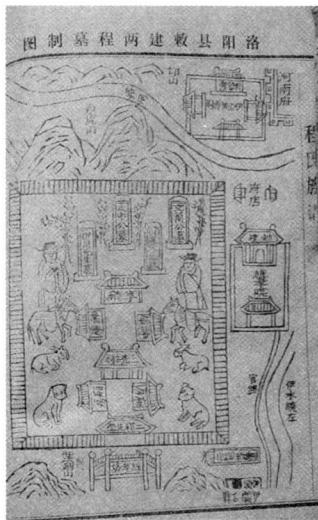

清代二程家谱中的插图

二程之父程珦

程颢（1032—1085年），字伯淳，后人号为明道先生。自幼聪颖，二十余岁中进士，做过几任地方官。程颐为程颢所撰的《明道先生行状》中记载了程颢初入仕途时的一个小故事：

逾冠，中进士第。调京兆府鄠县主簿，令以其年少未知之。民有借其兄宅以居者，发地中藏钱，兄之子诉曰："父所藏也。"令曰："此无证佐，何以决之？"先生曰："此易辨耳。"问兄之子曰："尔父藏钱几何时矣？"

曰:"四十年矣。""彼借宅居几何时矣?"曰:"二十年矣。"即遣吏取钱十千视之,谓借宅者曰:"今官所铸钱不五六年即遍天下,此钱皆尔未居前数十年所铸,何也?"其人遂服,令大奇之。

程颢一上任就遇到了这样一桩无头公案,但凭借着出色的分析能力,巧妙地断清了是非,说明他是一位非常干练的官员。

后来,程颢还担任过江宁府上元县主簿、泽州晋城令等职,为官清廉,注意减轻百姓负担,赋税均平,治理有方,深得民心。宋神宗即位之初,由御史中丞吕公著推荐,调回朝廷任太子中允、权监察御史。宋神宗是个很想有所作为的皇帝,召见过程颢,想听听他有无迅速富国强兵的办法,程颢却坚持向神宗陈述"君道以至诚仁爱为本",而未尝言及功利。神宗认为他太迂腐,不切实用,不感兴趣,将他外放为京西路提典刑狱。

宋神宗信任、重用的是王安石,在熙宁、元丰年间(1068—1085年)掀起了一场大规模的变法运动。王安石变法为的是富国强兵,改变当时积贫积弱的局面,也取得了一些成绩,但是变法行为过于急躁,很多措施与民争利,加重了百姓负担,再加上用人不当,出现新法危害百姓的局面,引发了严重的纷争。北宋晚期,围绕这场纷争发生了长期的激烈斗争,朝廷官吏和士大夫分裂为支持和反对新法的两派。

像颢諱公純諡世五十三

見永甯程書

程颢

程颢在政治上同司马光、富弼等人结合在一起,属于反对变法的旧党,因此在整个神宗朝都没有得到重用。程颢遂主动退休,退居洛阳，与其弟程颐一起以读书讲学为事。神宗去世后，他的儿子哲宗年幼，由太皇太后高氏垂帘听政。高太后反对新法，起用司马光，废除了新法。程颢也同时被召入京，授为中正寺丞，但还未及上路，便病死在家。

程颐（1033—1107 年），字正叔，后人称他为伊川先生。程颐幼有大志，十八岁时，就以布衣身份上书仁宗皇宗，劝其"以王道为心，生灵为念，黜世俗之论，期非常之功"。程颐虽然没有考中进士，但社会影响很大，大量接收学生，从事讲学活动。

程颐在政治上与其兄程颢完全一致，强烈反对王安石新法。哲宗初年，王安石变法失败，司马光、吕公著极力推荐程颐。司马光在推荐书中对程颐评价极高：

> 臣等窃见河南处士程颐，力学好古，安贫守节，言必忠信，动遵礼义，年逾五十，不求仕进，其儒者之高蹈，圣世之逸民。伏望特加召命，擢以不次，足以矜式士类，裨益风化。

司马光认为程颐是一位儒者的典型，应该让他出来做官，有助于形成良好的社会风尚。程颐入京，受命为崇政殿说书，其职务是教皇帝读书。当时宋哲宗年幼，司马光等人推荐程颐教他读书，目的是让哲宗不再奉行神宗的改革政策。程颐就职之前，就给皇帝上奏，提出了君子应重视"涵养气质，熏陶德性"，注重道德修养，还要经常接近品行高尚、敢于当面规劝君主之过失的臣僚。程颐借给皇帝讲书的机会，借题发挥，议论时政，一方面使他的名声越来越大，吸引了许多读书人纷纷向他拜师问学，另一方面也引起了一些人对他的不满，指责他"腾口闲乱，以偿恩仇"。绍圣元年（1094 年），太皇太后去世，哲宗亲政，一反其祖母所为，新党再度执政，程颐被定为反对新法的"奸党"成员，遭受迫害，被贬到四川涪州，交地方官管制。宋徽宗上台后，也是支持新党的，崇宁二年（1102 年），还下令销毁程颐的著作。程颐在此境遇下，不久病死于家。

程颢、程颐兄弟生前的遭遇十分坎坷，由于他们卷入了当时激烈的新旧党斗争中，多次遭受政治压迫。但是，作为宋代理学的重要代表人物，其身后的影响却相当大。由于程颢、程颐兄弟的思想理论基本一致，后人多称其为"二程"。

在关于二程生平的追叙中，有一个问题是非常引人注目的：二程与徽州的关系究竟如何？他们到底是不是篁墩程氏的后裔？

关于这一点，二程本人生前没有明确的说法。程颐为程颢所撰行状中称：

像颐讳公正谥世五十三

见录甾程书

程颐

> 先生五世而上居中山之博野，高祖赠太子少师讳羽，太宗朝以辅翊功显，赐第于京师，居再世，曾祖而下葬河南，今为河南人。

可见程颐承认祖上为河北中山博野所出，高祖时迁居河南，成为河南人，但程颐并没有说明高祖之前的来历。因此，关于二程与徽州和篁墩程氏的关系，需要从其他文献中寻找。这方面，最为明确的证据来自欧阳修为程琳之父程元白所撰《宋宜春县令追封冀国程公元白神道碑》。这个碑文今天保存在欧阳修的文集中，主要内容如下：

> 惟冀国公讳元白，字某，少举明经，仕不得志，退居于家，畜德不施，贻其后世，而相国太师实为之子，初以文学举进士高第，历馆阁掌制命，俊德伟望，显于朝廷，遂以中丞执国之宪，尹正京邑，有声蜀都，乃由三司入与大政，公亦自太常博士累赠兵部侍郎，遂迁太师中书尚书令，位皆一品，有国定冀，以启其封，虽发不自躬，而其施益远，晦于一时而显于百世，盖夫享于身者有时而止，施于后者其耀无穷，表于其乡以劝为

善，可谓仁人之利博矣。惟程氏之先，自重黎历夏、商、周，而程伯休父始见于诗书，其后世远而分。至唐定世族，而程氏之望分为七，中山之程盖出于魏安乡侯昱之后也，公世为中山博野人……太平兴国初，公之从祖羽，佐太宗自晋王即皇帝位，为文明殿学士，官至兵部侍郎。今相国太师出入将相，为时名臣，子孙蕃昌，世族昭著，推其所自来者远矣……铭曰：

远矣程侯，颛顼之苗。始自重黎，历夏商周。惟伯休父，声诗孔昭。世不绝闻，盛于有唐。程分为七，三祖安乡。广平中山，以暨济阳。中山之程，出自灵洗。实昱裔孙，仕于陈季。陈灭散亡，播而北迁。公世中山，为博野人。道德家潜，孝悌邦闻。不耀自躬，以贻后昆。惟后有人，将相文武。有国宠章，嗣其考祖。定冀之封，实开土宇。程世其隆，公多孙子。有畜其源，发而孰御。刻铭高原，以示来者。

欧阳修的碑文回顾了程琳家族的历史，所谓"自重黎历夏、商、周，而程伯休父始见于诗书"，是对始祖的回顾，"中山之程盖出于魏安乡侯昱之后也"则是对远支祖先的回顾，将中山程氏归为曹魏重臣安乡侯程昱的后裔。碑文最后一段铭文中说："中山之程，出自灵洗。实昱裔孙，仕于陈季。陈灭散亡，播而北迁。公世中山，为博野人。"就是说，中山程氏也是程灵洗的后裔。虽然欧阳修没有具体说明三国时程昱与南北朝的程灵洗之间血缘传承的详细情况，但是欧阳修与程琳同朝为官，关系极为密切，他的碑文应当是根据程琳提供的资料撰写的，肯定有其依据。程琳与二程之父程珦是同族同辈兄弟，由此可知，二程家族确实是篁墩程氏的后裔。按照欧阳修的说法，陈朝灭亡之后，程灵洗的子孙迁居北方，二程家族的祖先应当是其中一支的子孙。"中山之程，出自灵洗"，是论证二程家族出于篁墩程氏的强有力证据。

二程的后世子孙也承认祖先为徽州的篁墩程氏所出。明代隆庆六年（1572年），程颐后裔、翰林院世袭五经博士程宗孟编纂

《河南程氏正宗世系谱》，其序言中称：

程伊川后二十代嫡孙程宗孟，自袭职回，无他可能，惟以读书为事。一日，读《河南先公伊川谱》，从吾辈推而上之，世系至先公秀而止；读《新安统宗谱》，从秀公而上，世系至先公元谭而止；读《河南上程谱》，从元谭推而上之，世系至先公黄帝而止。三谱中间，虽黄帝一脉分派，谱不同牒而派不相连。知者，以为谱名虽异而远宗则一；不知者，以为至此而失宗也。吾深为惧焉，遂三谱和一，照依旧规次第编录。自黄帝而孕生元谭，自元谭而孕生秀公，自秀公而孕生吾辈。是上有所统，此一本而统乎万殊。有吾辈而上，宗秀公；有秀公而上，宗元谭；有元谭而上，宗黄帝。是上有所宗，此万殊而归于一本，名为《河南正宗世系谱》，落成不性，以见吾程氏正派流长之盛，且俾伪者不得以肆其乱焉。是为序。

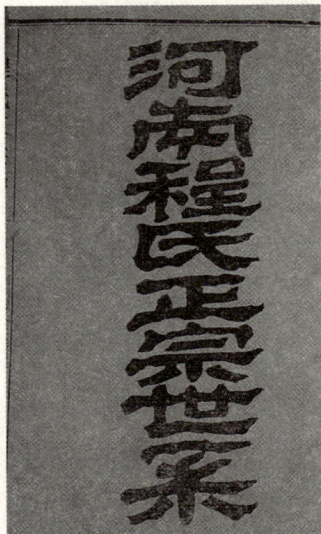

二程家谱

据程宗孟所述，他修家谱时，依据徽州程氏统宗谱，将世系上推至程元谭，乃至追溯到轩辕黄帝。程宗孟称"有吾辈而上，宗秀公，有秀公而上，宗元谭"，以程元谭为自己的祖先，说明二程后裔承认自己是篁墩程氏之后。

进入清代后，二程后裔开始回徽州认祖归宗。康熙五十三年（1714 年），程颐后裔、翰林院世袭五经博士程佳璠携其孙到徽州，拜祭程元谭、程灵洗祖墓，发起在篁墩兴建二程夫子祠，受到徽州程氏的热烈欢迎。在为徽州程氏宗族写的谱序中，程佳璠称：

我族程氏宗支文献甲天下，盖由前圣开基，后贤接踵，相继源源。如东晋元谭公以太守赐第世居，新安十四世祖灵洗公以忠勤报国配亨庙食，余自志学以来，固已闻之孰矣。但世居河南，与新安诸郡地相悬远，其予序族之繁、衍之异，未尝一一悉其详也。甲午岁，抵新安黄墩，谒忠壮公庙，与祠首诸族老深相考订。

程佳璠称篁墩程氏为"我族程氏"，是对篁墩程氏的明确认同。他发起在篁墩兴建二程夫子祠，正是这种自我认同的具体体现。

尽管二程本人没有留下祖先出自篁墩的文字记录，但无论是二程同时代人留下的碑文，还是二程的后裔，都明确承认二程是程灵洗的子孙，源出篁墩程氏，这是没有疑问的。今天存世的多部程氏族谱中，在程灵洗至二程的世系描述上有所不同，但在二程源出于篁墩这一点上都是一致的。篁墩是二程的祖居地，这是综合多种文献记载得出的明确结论。

程佳璠印

（二）朱熹与篁墩朱氏

徽州朱氏自朱师古迁居篁墩之后，他的次子朱瓌迁居婺源。关于朱瓌的生平事迹，他的玄孙朱振在宋嘉祐五年（1060年）曾经写过一篇序文：

唐人陶雅为歙州，初克婺川。天祐中，吾祖以雅之命主婺川输赋，总卒三千戍之，邑屋赖以安，因家焉，是为婺川吴郡朱氏之始祖。盖初来于歙之黄墩，今歙民有朱氏秋祭用鱼鳖者，皆族也。家婺源者资产甚富，有三子，事南唐，补丞旨、常侍之号，其后多有散居他郡者。家父敛溪府君即其曾孙也，继其居第，二百年不徙。

朱瓌——朱熹始祖

从朱振的叙述中可知，朱氏原先居住在苏南吴郡，"秋祭用鱼鳖"是朱氏出自苏南水乡的有力证据。朱瓌在婺源曾经担任过"制置茶院"之类的官职，因此后世子孙多尊称为"茶院府君"。朱瓌生三子——廷杰、廷隽、廷滔，其后与本书有关的传承世系为，廷隽生昭元，昭元生惟甫（即敛溪府君），惟甫生振（即芦村府君），振生绚，绚生森，森生松。

朱松（1380—1407年），字乔年，号韦斋，二十岁中进士，担任建州政和尉，后转任左宣教郎、秘书省校书郎，后在吏部做官，故又号吏部。朱松出生在金兵入侵、北宋灭亡、南宋草创的时期，极力主张抗金，多次上疏要求抵抗，极力反对秦桧与金人议和，遭到排挤，只好以教学为生，家境困难，去世后无法返回婺源家乡安葬，只能安葬在政和。朱松是一位学有所成的理学学者，生平著述有《韦斋集》十二卷。朱松娶歙县祝氏，朱熹是他的独子。

朱熹（1130—1200年），字元晦、仲晦，号晦庵，别号紫阳。他自幼聪敏好学，十四岁时父亲去世，依照父亲的遗嘱，拜父亲生前好友胡宪、刘勉之、刘子翚三人为师。绍兴十八年（1148年），朱熹中进士，依然勤读不懈。绍兴二十三年（1153年），朱熹怀着十分的诚意，步行几百里前往延平，向著名的道学家李侗求学。李侗对他赞赏有加，替他取字曰"元晦"，把自己一生的研究心得传授于他，奠定了朱熹一生学术与事业的基础。

朱松——朱熹之父

中国古代社会讲究"学而优则仕"，但是朱熹一生却仕途坎坷。生逢乱世，权奸当道，加上他品性耿直而得罪权臣，因而始终无法实现他的政治抱负。他历经南宋高宗、孝宗、光宗、宁宗四朝，先后曾任泉州同安县主簿、知江西南康军、提举浙东常平茶盐、知漳州、知潭州等地方官。直到绍熙五年（1194年）八月，他六十五岁时，才被推荐为焕章阁侍制兼侍讲，为即位不久的宁宗皇帝进讲《大学》，但是仅仅四十余天即被罢免。朱熹在中进士

朱熹画像极多，
此为明代朱氏家谱中的一幅

后的五十多年中，从政时间不过六七年，职务也都不高，晚年还

因得罪权奸被列为"伪学奸党",可谓生平不幸。但是他作为孔孟之后最有影响的儒家学者,在中国历史上有着极为重要的影响,也是故乡徽州的骄傲。

朱熹对徽州故乡怀有极深的感情,曾三次回婺源家乡扫墓,著书立说常以"新安朱熹"署名。绍兴二十年（1150 年）,他回家乡扫墓,与朱氏宗亲共叙乡族情谊,编纂了《婺源茶院朱氏世谱》,并撰写了一篇序言,对了解朱熹家族与篁墩朱氏的历史极有帮助:

婺源茶院朱氏世谱后序

熹闻之先君子太史吏部府君曰:"吾家先世居歙州歙县之黄墩。相传望出吴郡,秋祭率用鱼鳖。"唐天祐中,陶雅为歙州刺史,初克婺源,乃命吾祖领兵三千戍之,是为制置茶院府君。卒,葬连同,子孙因家焉。生三子,仕南唐补常侍丞之号。其后亦有散居他郡者。熹按:今连同别有朱氏,旧不通谱,近年乃有自言为茶院昆弟之后者,犹有南唐补牒,亦当时镇戍将校也,盖其是非不可考矣。先吏部于茶院为八世孙,宣和中始官建之政和,而葬承事府君于其邑,遂为建人,于今六十年,而熹抱孙焉,则居闽五世矣。淳熙丙申,熹还故里,将展连同之墓,则与方夫人、十五公、冯夫人之墓皆已失之,因亟询访,得连同兆域所在,乃率族人言于有司而后得之,其文据藏于家,副在族弟。然而三墓者,则遂不可复见。癸卯五月辛卯,因阅旧谱,感世次之易远,骨肉之易疏,而坟墓之不易保也。乃更为序次,定为《婺源茶院朱氏世谱》,而并书其后如此,仍录一通以示族人。十一世以下来者未艾,徽建二族,自今每岁当以新收名数更相告语而附益之,庶千里之外,两书如一,传之永远,有以不忘宗族之谊。至于芦村府君,其墓益远,居故里者尤当以时相率展省,更力求访三墓所在而表识之,以塞子孙之责。而熹之曾大父王桥府君无他子,其墓在故里者,特有薄田于其下,得以奉守不废,当质诸有司,以为祭田,使后之子孙虽贫无得鬻云。

从序中可知,朱熹此次回乡曾遍祭旧墓,并为曾祖父之墓立有祭田。他感叹"世次之易远，骨肉之易疏，而坟墓之不易保"，因此编纂了新的家谱，要求徽州和福建二地的族人每年都要互相转告，将新增的族人列入谱内，"传之永远，有以不忘宗族之谊"。朱熹在序中称先祖居住在歙州歙县篁墩，这是篁墩为朱熹祖居地的铁证。

摩崖石刻——朱熹手迹"新安大好山水"

淳熙三年（1176年）春天，朱熹再次回故乡扫墓，其文也集中收录了此次回乡时的祭文：

归新安祭墓文

一去乡井，二十七年。乔木兴怀，实劳梦想。兹焉展扫，悲悼增深。所愿宗盟，共加严护。神灵安止，余庆下流。凡在云礽，毕沾兹荫。酒肴之奠，惟告其衷。精爽如存，尚祈鉴享。

朱熹十世祖朱瓌之墓，在婺源文公山

朱熹出生在福建，一生主要活动也在福建，但他对故乡的殷殷深情，从他撰写的众多文章中都能体会到，而前述谱序与祭文则是最有力的体现。朱熹回故乡时，虽然没有到过篁墩，但他是篁墩朱氏的后裔则是毫无疑问的。

（三）程朱理学：儒家文明的终极，徽州文化的基石

程颢、程颐和朱熹生前的官职都不高，遭遇也都很坎坷，但却在中国乃至世界历史上有着独特的地位，关键在于他们为复兴和创新儒学做出的巨大贡献。二程和朱熹将孔子开创的儒家学派创造性地发展到了一个新的阶段，后人一般称为程朱理学。程朱理学是元、明、清三代的官方哲学，在徽州的影响尤其巨大，是明清时期徽州文化的基石。

程朱理学是在孔孟儒学面临巨大危机的历史背景下应运而生的。众所周知，孔子开创的儒家学派，在汉武帝"罢黜百家，独尊儒术"之后，一直占据着中国思想领域的统治地位。儒家的主要经典——《易》《诗》《书》《礼》《春秋》被合称为"五经"，是各类官办学校的主要教科书。汉代儒者对五经的研究以名物训诂为主要特色，其学术风格一直延续到唐代，构成了中国封建社会前期的主流意识形态。但是，汉唐儒学在发展到巅峰之后，缺陷日益突出，面临着极为严重的危机，主要表现为：

第一，学风守旧，僵化衰颓。汉唐儒学以名物训诂为主体，但在发展的过程中逐渐走上了热衷于细枝末节的烦琐注释的道路，有汉代儒者解释《尚书》中的《尧典》篇，篇目不过两个字，竟写了十余万字的解说，开篇的"曰若稽古"四字，也写了三万多字的解说。这种庸冗支离的学风导致人们沉溺于细枝末节的考证，而缺乏对经典精髓的把握。同时，汉唐儒学强调严守家法、师法，弟子以老师的是非为是非，墨守成规，故步自封。若

稍有标新立异，不但会受到同门的攻讦，朝廷也不予擢用。这样的态势，导致儒学自身失去了创新发展的动力，日益衰颓。

第二，儒学欠缺哲学思辨，心性理论薄弱。孔子创立的儒学学说，其核心是调整人与人关系的伦理学和调整国家与人关系的政治学，对于宇宙本体、人性本质一类的哲学基本问题没有多少论述，因此记载在《论语》中的孔子言行既朴素又平实。子贡曾说"夫子之言性与天道，不可得而闻也"，说明孔子对性、天道这样形而上的哲学命题不感兴趣。儒学欠缺哲学上的深刻思辨，心性理论薄弱，这使它在与那些充满思辨色彩的佛道宗教的竞争中处于下风。

第三，儒学面临佛道二教尤其是佛教的严重挑战。佛教是东汉年间自印度传入的外来宗教，受中国本土文化风俗影响后，到隋唐时期形成了中国化的佛教。释迦牟尼创立的佛教本身包含了非常丰富的宇宙哲学与人生哲学，而且富含思辨色彩，在与中国本土文化结合之后，形成了众多的宗派，唐代之后佛教禅宗的影响尤其巨大。佛教精微深奥的心性学说、出世无为的生活态度乃至各种修炼的法门，对中国社会各阶层产生了极大的吸引力。直至北宗时期，高僧契嵩仍声称："儒者，圣人之大有为者也；佛者，圣人之大无为者也。有为者以治世，无为者以治心……故治世者，非儒不可也。治出世，非佛亦不可也。"显然，佛教在思辨哲学和心性理论中有着独特的优势，对儒家的思想统治地位构成了严重挑战。

第四，唐末五代时期的儒学危机。唐末五代时期，由于连年的割据混战，加上佛道势力的影响，社会出现了严重的伦理危机，儒家提倡的传统价值观念面临着全面崩溃的严重危险。五代时期，传统的纲常伦理秩序完全被颠覆，为臣者往往觊觎君位，后梁、后唐、后晋、后汉、后周乃至宋朝，都是臣下篡夺建立的；为君者也非常犯忌臣子，周世宗柴荣一度"见诸将方面大耳者皆杀之"，可谓君不君，臣亦不臣。一般的文人士大夫往往寡

徽州

103

廉鲜耻,没有半点忠义气节。最为典型的如宰相冯道,历经五朝八姓,对于君主,"若逆旅之视过客,朝为仇敌,暮为君臣,易面变辞,曾无愧怍","国存则依违拱嘿,窃位素餐;国亡则图全苟免,迎谒劝进。君则兴亡接踵,道则富贵自如"。按儒家伦理标准,冯道是典型的无耻小人,但他却自诩为"长乐老",而当时不少文人士大夫对此还颇为羡慕。这一时期社会风气的败坏、伦理观念的淡漠,在中国历史上是非常突出的,对于以维护社会秩序为己任的儒家学者来说,这是极为严重的危机。

儒家面临的多方面冲击,在儒家阵营内部引起了强烈反响。唐代晚期,大儒韩愈提倡复兴儒学,极力排斥佛教。元和十四年(819年),唐宪宗花费大量人力物力,准备将法门寺的佛骨迎入宫廷供奉。韩愈为此上了一道有名的《谏迎佛骨疏》,激烈批判佛教僧侣不事生产、逃避服役,而修寺造像更浪费了大量钱财,况且佛教本是外来宗教,根本没有存在的必要,应当予以取缔,"人其人,火其书,庐其居"。韩愈以斯文自任,力图重新树立儒学权威,揭开了儒学复兴的序幕,对后世影响很大,但他面对佛教的强大吸引力,企图通过国家权力进行强力取缔,强迫和尚还俗,烧毁佛经,变佛寺为民居,这样简单粗暴的方式事实上解决不了问题,勉强实行将不可避免地会伤及无辜。唐宪宗并没有接受韩愈的意见,韩愈自己反因此惹祸被贬职。

宋代儒家学者总结了正反两方面的经验教训,认识到佛教在中国流传已久,绝非简单否定、强力取缔即可解决问题的。欧阳修认为以往的辟佛主张没有能够抓住要害,没有能够从根本上解决问题,他提出应当"修其本以胜之",也就是说要认识到佛教的长处,弥补儒学自身的缺陷,"补其阙,修其废,使王政明而礼义充",最终一定能够战胜佛教。欧阳修自己并没有能够解决强"本"的问题,但他提出的"修其本以胜之"的命题却极富启发意义。以二程、朱熹为代表的宋代理学就是在不断强化儒家哲学思维和心性学说这一根本的基础上,完成了由儒学向理学转变的时代发展任务。

程颢、程颐年轻时师从宋代理学开山鼻祖周敦颐，同时对诸家之学的理论长处都有所了解和汲取，学风上不像两汉以来的儒生那样，只埋头于对儒家经典的训诂考释，而是着眼于根本，追寻其精神实质，着重于对儒学经典之精妙奥义的探索与发掘，抓住关键，"直睹堂奥"，从而达到了"一天地之理，尽事物之变"的目的，开创了全新的学术风格。

二程对儒家学说创新的最大贡献是提出了"天理"论。程颢说："吾学虽有所受，天理二字却是自家体贴出来。"天理是二程的最高哲学范畴，一般称之为"理"，包括如下几层含义：

第一，理是超时空的、完满的精神实体，是世界万物的总根源。程颢说："一物之中，其可见之形，即所谓器；其不可见之理，即所谓道也。"这说明他们的"理"或"道"是完全脱离物质形态的形而上的精神实体。二程把具有精神属性的"理"视为宇宙万物之根本。他们说："理者实也，本也。"又说："理则天下只有一个，故推之而四海皆准。"他们断言，万物都是从理中派生和推衍出来的，所以是宇宙万物的总根源。

第二，理不但是自然世界的法则，也是人类社会的规律。二程的"理"或"道"包含着规律或法则的意义。他们说："天下之物，皆可以理照。有物必有则，一物统有一理。""万物皆有理，顺之则易，逆之则难，多循其理，何劳于己力！"就是说，对于"当然之则"的理，"顺之则易，逆之则难"。对事物之中的这种客观法则，人们必须遵循。他们进一步将自然界的法则代入人类社会，认为人类社会也需要遵循理的法则，特别是表现于伦理观上，他们坚持说："父子君臣，天下之定理，无所逃于天地之间。"即中国传统的伦理关系也是一种人类社会的规律。

第三，"理"是中国传统伦理道德之总称。二程进一步发展了周敦颐学说，把传统道德原则也称为"天理"，并提升到宇宙本体的"理"的高度，认为如果谁违反了它，也就违背了"天

徽

州

105

理"。他们说："理即是礼也。""上下之分，尊卑之义，理之为也，礼之本也。"君臣、父子、长幼、夫妇等上下、尊卑关系，只用一个"理"字概括。在这些关系中，人们只能各安其位，各尽其事，一切视、听、言、动都只能按照传统的伦理道德标准行事，这才算合乎"理"的要求。

"理"既然如此重要，那么人们如何认识和掌握"理"呢？二程为此提出了一整套"格物致知"的认识论和修养论。"格物致知"一词，源于《礼记》的《大学》篇。二程说："格犹穷也，物犹理也，若曰穷其理云尔。穷理然后足以致知，不穷则不能致也。"又说："格至也，言穷尽物理也。"据此，二程把"格物"直截了当地解释为"穷理"。如何格物穷理？他们认为，"知"是人们心中本来所固有的，只要于心上反省内求，即可认识一切真理。只能向内用功，不需向外探求，因为天人是一体的，心、性、命、天紧密相连，天理本来就存在于心中，故不须外求。那么，为什么还须格物？在二程看来，心中固有之知是潜在的，要这种潜在的固有之知显现出来，并使之发扬光大，就要经过"格物"的工夫。怎样去格物呢？二程说："穷理亦多方，或读书讲明义理，或论古今人物，别其是非；或应事接物而处其当，皆穷理也。"这就是说，穷理的方法包括读书明理，评论古今人物的是非，待人接物处理得当，等等。

二程的格物致知论同他们的道德修养论密不可分。格物致知固然是把握"天理"的基本途径，但还必须从"主敬"入手，要从正心、诚意、修身做起。故二程说："学者不必远求，近取诸身，只明人理，敬而已矣。"从根本上讲，是要通过内心的反省来体验天理的存在。更重要的是，必须做到"存天理，灭人欲"，才能恢复到人的"至善"的本性。二程说："性即理也。"因为在二程看来，人生来就禀受了"天理之性"，同时也禀受了"气质之性"，他们所禀受的"气"有清、浊之分，因而其性有善、恶之分，恶的方面表现为"人欲"，善的方面表现为"天理"，只要通过认真修养，做到"存理去欲"，就可以变为至善的圣人。

二程初步建立了宋代的理学体系，为日后的兴盛奠定了基础。二程兄弟中，程颢去世较早，程颐则得享高寿，及门弟子众多，使理学得以薪火相传，对后世的影响超过了兄长。程颐的众多弟子中，以游酢、杨时、吕大临、谢良佐最为知名，号称"程门四大弟子"。有一年冬天，游酢与杨时前去拜见程颐，程颐正在堂上睡觉，游酢与杨时就侍立在门外没有离开，等程颐睡醒的时候，门外的积雪已经一尺多深了，这就是中国历史上表彰尊师重教、诚恳求学的著名典故——"程门立雪"。

游酢、杨时都是南方人，程颢嘱咐他俩把理学传向南方，目送他俩离去，怡然自得地说："吾道南矣！"游、杨二人不负师门所托，在苏南、福建等地广泛地传播了程氏理学，使理学倡兴于东南。杨时之学传于罗从彦，罗从彦之学传于李侗。李侗是朱熹的老师，因此，从学术源流上说，朱熹是二程的四传弟子。

朱熹继承二程的思想，兼采各家，形成了一个庞大的哲学体系。朱熹哲学体系的核心是"理"，或称"道""太极"。朱熹所谓的理，有几方面互相联系的含义：理是先于自然现象和社会现象的形而上者；理是事物的客观规律；理还是人类社会伦理道德的基本准则。气则是朱熹哲学体系中仅次于理的第二个范畴，是形而下者，是有情、有状、有迹的，具有凝聚、造作等特性，天下万物都是理和气相统一的产物。在理和气的关系上，理生气并寓于气中，理为主，为先，是第一性的；气为客，为后，属第二性。

朱熹进一步发展了格物致知论，用《大学》中"致知在格物"的命题，探讨认识领域中的理论问题。在认识来源的问题上，朱熹既讲人生而有知的先验论，也不否认见闻之知。他强调穷理离不得格物，即格物才能穷其理。朱熹探讨了知行关系，认为知先行后，行重知轻。从知识来源上说，知在先；从社会效果

107

上看，行为重。知行互发，"知之愈明，则行之愈笃；行之愈笃，则知之益明"。

在人性论上，朱熹发挥了张载和程颐的天地之性与气质之性的观点，认为"天地之性"或"天命之性"专指理言，是至善的、完美无缺的；"气质之性"则以理与气相杂，有善有不善，两者统一在人身上，缺一则"做人不得"。与"天命之性"和"气质之性"有联系的，还有"道心、人心"的理论。朱熹认为，"道心"出于天理或性命之正，本来便禀受得仁义礼智之心，发而为恻隐、羞恶、是非、辞让，则为善。"人心"出于形气之私，是指饥食渴饮之类。如是，虽圣人亦不能无人心。不过圣人不以人心为主，而以道心为主。他认为"道心"与"人心"的关系既矛盾又联结，"道心"需要通过"人心"来安顿，"道心"与"人心"还有主从关系，"人心"须听命于"道心"。朱熹从心性说出发，探讨了天理与人欲的问题。他以为人心有私欲，所以危殆；道心是天理，所以精微。因此，朱熹提出了"遏人欲而存天理"的主张。朱熹承认人们正当的物质生活欲望，既反对佛教笼统地倡导无欲，也反对超过延续生存条件的物质欲望。

朱熹对先秦的儒家著作《论语》《孟子》《大学》《中庸》重新进行注释，称之为"四书"，编纂成《四书章句集注》。此书在总结前人著述成果的基础上，集中阐发了程朱理学的基本思想。朱熹自称该书"添一字不得，少一字不得"，直至临终前尚在进行修改，可以说是他一生心血的结晶。这本书成为儒家学说历史上划时代的里程碑。

朱熹知识极其渊博，无论是先秦时期的诸子哲学、在他之前的佛道思想，还是传统学术中其他领域，如史学、文学、天文地理、文字音韵、训诂考据等，几乎无所不窥，而且造诣很深。与之相对应，他著述极丰，超过前人，在《宋史·艺文志》中已经著录的有四十余种，未被著录的有二十余种，其个人文集《晦庵集》有一百卷，记载其生平言论的《朱子语类》有一百四十卷。

后人评价朱熹的学术"致广大，尽精微，综罗百代"，推崇备至。

朱熹又是一位伟大的教育家，门下弟子遍布江南各省。淳熙六年至八年（1179—1181年），朱熹任职南康军期间，兴复庐山白鹿洞书院，订立了《白鹿洞书院学规》。这个学规提出教育的根本任务是让学生明确"义理"，并把它见之于身心修养，以达到自觉遵守的最终目的。其次，要求学生按学、问、思、辨的"为学之序"去"穷理""笃行"。再次，指明了修身、处事、接物之要，作为实际生活与思想教育的准绳。《白鹿洞书院学规》影响极大，成为南宋之后中国各地书院和教育机构的基本章程，在中国教育史上写下浓墨重彩的一笔。

由二程开创并经朱熹集大成的程朱理学，以浓厚的思辨哲理和深邃的心性之学，有效地弥补了汉唐儒学的缺陷，成为中国儒家文明的终极形态。宋代晚期，理学逐步成为社会的主流意识形态，并最终为封建国家所接受。宋宁宗嘉定二年（1209年），朱熹获得平反，赐谥号"文"，后世因此习惯称朱熹为"朱文公"。宋宁宗嘉定十三年（1220年），赐程颢谥号为"纯"，程颐谥号为"正"。宋理宗宝庆三年（1227年）追封朱熹为太师信国公。绍定三年（1230年），改封为徽国公。淳祐六年（1246年），追封程颢为河南伯，程颐为伊阳伯。元、明、清三代，理学成为官方哲学，朱熹的《四书章句集注》成为科举考试的教科书和标准答案，"四书"的地位甚至超过了传统的"五经"。后人习惯以"四书五经"称呼儒家经典，"五经"的称呼自先秦时期就有了，而"四书"之称却是朱熹首创，晚于"五经"一千多年，但后起的"四书"却排在"五经"之前！程朱理学不但深刻影响了宋代之后的中国社会，还流传海外，朝鲜、日本都将其奉为至尊。即使是在今天，程朱理学对人们的思想生活仍有巨大影响，人们谈到一些人和事，说"天理难容"，这个"理"，其实仍是程朱理学范畴内的"理"。

程颢、程颐和朱熹在生前的官职都不高，遭遇也都很坎坷，但却在中国乃至世界历史上有着独特的地位，关键在于他们为复兴和创新儒学做出的巨大贡献。二程和朱熹将孔子开创的儒家学派创造性地发展到了一个新的阶段，后人一般称为程朱理学。程朱理学是元、明、清三代的官方哲学，在徽州的影响尤其巨大，是明清徽州文化的基石。

徽州是二程和朱熹的祖居地，深受程朱理学的熏陶。朱熹回乡期间，徽州俊秀之士纷纷投入门下，他们与朱熹兼有师友与乡党的双重关系，因此情投意合，关系牢固，非寻常可比，即使在朱熹遭遇"庆元党禁"、身处险境时，亦不离不弃，始终追随。南宋晚期与元代，徽州产生了一大批理学学者，主要包括：歙县人汪宗臣、郑玉、唐元、方回；休宁人程若庸、吴锡畴、黄智孙、程龙、程逢午、陈栎、倪士毅、赵汸、程荣秀；婺源人江润身、许月卿、汪炎昶、胡允、胡一桂、胡炳文、程复心、程直方、俞皋、张存中；祁门人汪克宽；等等。

新安理学以程朱理学的嫡系和正统自居，以徽州为理学的中心。元代晚期开始，新安理学家出现了以徽州为"东南邹鲁"的提法。如汪克宽的《万川家塾记》称：

> 近代以来，濂洛诸儒先继出，吾邦紫阳夫子集厥大成，揭晦冥之日月，开千古之盲聋，于是六合之广，四海之外，家诵其书，人攻其学，而吾邦儒风之丕振，俊彦之辈出，号称"东南邹鲁"，遐迩宗焉。

又如赵汸的《商山书院学田记》称：

> 新安自南迁后，人物之多、文学之盛，称于天下。当其时，自井邑田野以至于远山深谷，民居之处，莫不有学、有师，有书史之藏。其学所本，则一以郡先师子朱子为归，凡六经传注、诸子百氏之书，非经朱子论定者，父兄不以为教，子弟不以为学也。是以朱子之学虽行天下，而讲之熟、说之详、守之固，则惟新安之士为然，故四方谓"东南邹鲁"。其成德达才之出为当世用者，代有人焉。

程朱理学在徽州的影响还在于，它不仅仅只是一种思想理论，而是通过各种自觉的社会实践，渗透进了徽州人社会生活的方方面面。朱熹编有《家礼》一书，规定了冠、婚、丧、葬各方面的基本礼节，对徽州民间影响很大，尤其对徽州宗族来说，《家礼》成了宗族组织普遍遵循的法则，如成书明代弘治十四年（1501年）的《新安黄氏会通谱》就认为：

> 盖人伦不明，宗法废弛，民俗颓弊，甚矣。幸而皇宋诞膺景运，五星聚奎于是，吾郡朱夫子者出，阐大经之幽奥，开万古之群蒙，复祖三代之制，酌古准今，著为《家礼》，以扶植世教，其所以正名分，别尊卑，敬宗睦族之道，亲亲长长之义灿然具载，而欧苏二子亦尝作为家谱，以统族属，由是海内之士闻其风而兴起焉者，莫不家有祠以纪其先祖，族有谱以别其尊卑。

明清时期的徽商，由于身处程朱理学的故乡，"贾而好儒"，所好者其实就是程朱理学。在各类典籍的记载中，徽商好性理之学、颂程朱之书者大有人在，如清代黟县商人舒遵刚"有少暇，必观《四书》《五经》，每夜必熟诵之，漏三下始已"。对朱子的崇拜在徽商中极为盛行，几乎所有的徽商会馆中都供有朱子牌位，反映出理学信仰在徽商中甚为普遍。

歙县紫阳书院，创立于宋嘉定十五年（1222年），是新安理学的强大堡垒

崇仰朱熹的人格，奉行朱熹的理念，传播朱熹的学说，这是宋代以后徽州的重要特征。徽州也成了全国著名的理学中心，咸淳五年（1269年），宋度宗为婺源朱子祠赐额"文公阙里"。阙里本是孔子在曲阜所居的里名，起初并非尊称，后来由

于孔庙兴建于此，逐渐发展为孔庙乃至儒学的代称。以婺源为朱子阙里，表明早在宋代末年，新安理学的特殊地位已经得到了国家政权的认可。

（四）"程朱阙里"的兴起，徽州文化的象征

徽州在宋代虽然取得了"文公阙里"的地位，但在宋元时期，以"东南邹鲁"自诩的地区远不止徽州一处。如福建建阳（古称建安），为朱熹定居地，门人弟子极多，成为理学的传播中心之一，元代贡师泰曾称"建安朱子讲学之地，东南邹鲁也"。显然，要想彻底确立徽州的理学中心地位，除了强调朱熹与徽州的特殊联系外，还必须寻找到更多的徽州与理学的渊源关系。从元代开始，徽州学者在强调朱熹与徽州联系的同时，进一步强调二程与徽州的联系，并为此进行了大量的文献考证工作。进入明代之后，篁墩作为徽州程、朱两大宗族的共同发源地，它与二程和朱熹的特殊联系受到了徽州社会的高度重视，于是在以徽州作为"东南邹鲁"的同时，更加强调篁墩为二程、朱熹的祖居地——"程朱阙里"，兴起了一场大规模的"程朱阙里"建设运动。

最早注意到二程和朱熹都与篁墩存在特殊关系的是元代婺源人胡炳文，泰定元年（1324年），他领头发起在徽州乡贤祠中供奉程颢、程颐牌位，并为撰记云：

歙婺源为子朱子阙里，亦既有专祠矣，州学乡贤祠复并祀二程夫子者何？孔子之先宋人，孟子鲁公族，河南实吾新安黄墩忠壮公后也。忠壮公讳灵洗，仕梁、陈，赠镇西将军开府仪同三司，有功德于民，配大享，《南史》有传，宋号世忠庙，封忠烈显惠灵顺善应王，《新安志》叙先达第一。谨按：程叔子撰明道纯公行状，河南之程出自中山博野。又按，欧阳公撰程文简公父冀国公元白神道碑铭，中山博野之程出自灵洗。文简公讳琳，与太中公讳珦为兄弟，如此则新安为河南所出何疑哉。

或曰：朱子自书新安，程子不书者何？盖由新安而建宁一世而近，故

书由新安；而河南凡二十余世，中间迁徙不常，故不得独书。然程子可不书新安，纪新安之人物而不书程子，是谱宋之后而不书孔子，系鲁公族而不书孟子，非阙典欤？近有为道统之说者曰：圣贤之生，天地气化，相为循环。冀在北，岐周在西，鲁在东，春陵新安在南。夫斯道绝续，天也，自北而南，迭生圣贤，以续道统之传，非偶然也。方今程朱之学行天下，薄海内外遐陬僻壤犹有学其学者，况兹大好山水乃其云之泰山、河之昆仑也哉。此乡贤祠之所由作也。诗不云乎：维岳降神，生甫及申，吾新安以之。又不云乎：高山仰止，景行行止，吾新安之士当以之。

胡炳文引用欧阳修的记载，肯定二程和朱熹出自篁墩，虽然二程生前没有提到过徽州，但徽州人纪念先贤不提二程，就是数典忘祖。特别重要的是，胡炳文以理学极为重视的道统说立论，认为二程和朱熹都出自篁墩绝非偶然，是上天的特意安排，因此篁墩乃是程朱理学的泰山、昆仑，为道统所系，关系重大，非寻常可比。胡炳文是元代新安理学的重要人物，撰有《周易本义通释》《四书通》等理学著作。明代永乐年间，官修《周易大全》《四书大全》多所采用，影响甚大，因此，他对二程、朱熹与篁墩渊源的考证以及发起供奉二程的牌位，对后世徽州理学界的影响是相当深远的。

明代初期，程朱理学完全成了官方哲学，但在民间学术传播与发展过程中遭遇了危机。永乐年间，明王朝以程朱理学著述特别是新安理学家的著作为主体，编纂《四书》《五经》、性理《大全》，悬为功令，科举考试中"剽窃异端邪说、炫奇立异者，虽工弗录"。程朱理学凭借国家政权彻底确立了权威，但在戴上了思想王冠的同时，也失去了向前发展的动力，出现墨守成规、人才凋萎的局面。与之相对应的是，与朱熹同时代的陆九渊的心学一派开始抬头。淳熙二年（1175 年），朱熹曾经与陆九渊在信州（今上饶）鹅湖寺相聚，就两学派之间的哲学分歧展开辩论，双方都未能使对方折服，这就是中国历史上著名的"鹅湖之会"。

明代中期，理学失去发展动力之后，心学受到了越来越多学者的重视。正德三年（1503年），王守仁"龙场顿悟"之后，在陆九渊心学的基础上，提倡"心即理""致良知"，创立了王派心学。在当时理学诸弊丛生的背景下，王派心学一经创立，就以雷霆万钧之势横扫全国，徽州亦未能例外。嘉靖年间，心学在徽州传播甚广，"文简湛公自南海至，文庄邹公至西江至，恭简耿公至南楚至，绪山钱公、龙溪王公自东渐至，六邑之士多从之游"。湛若水、邹守益、耿定向、钱德洪、王畿等心学中坚人物在徽州广招弟子，主持讲会，很快在徽州学术思想界占据了上风。万历二十年（1592年），心学弟子祝世禄出任休宁知县，在万安古城岩创建了还古书院，先后邀请焦竑、简凤仪、邹守益、谢汝栋等心学高足主讲，"自祝侯腾说，山阴主教，重衍新建，其时环听千人，辨难不生，满堂若琴瑟之专一，金谓心学复明，一扫支离也"。陆九渊曾经讥讽朱熹的治学之道为"支离事业竟沉浮"，遂使"支离"一词成为攻击理学的专门用语，晚明的徽州竟然"一扫支离"，足以说明当时心学的盛行。

朱熹之墓，在福建南平建阳

　　王派心学在徽州的流行，某种程度上动摇了程朱理学作为徽州文化象征的地位，在徽州理学界激起了严重的危机感。早在正德年间，休宁儒士程瞳就曾试图加以反击，编纂了《新安学系录》一书，"以朱子为新安人，而引据欧阳修《冀国公神道碑》，谓程子远派亦出新安，故辑新安诸儒出于二家之传者编为此书，自宋至明，凡百有一人，皆征引旧文，以示有据"。在巩固徽州为理学中心的过程中，篁墩既是朱熹自承的祖居地，又是程氏家族的发源地，因而受到了晚明徽州理学界的极大重视，他们试图通过建构"程朱阙里"来挽回理学在徽州衰落的局面。

　　嘉靖元年（1522 年），歙县岩镇人、原任武城县知县赵时勉撰《考新安程朱三夫子源流记》，引用胡炳文等人的考证，认为程朱先世俱出于歙县篁墩，倡议建立程朱三夫子祠。赵时勉明确肯定二程和朱熹皆出自徽州篁墩。记中称："人知朱子世家新安，不知程之先亦自新安而徙也。后世异说殄行，淫祠邀福，在在而是，乃程朱故乡鲜有知崇重者，甚则攘臂操戈，微独趋之不定，要亦核之不详也。"实际上是对当时心学在徽州流行的严厉批评。赵时勉希望创建专门祭祀二程和朱熹的专祠，是寄希望于以此遏制心学的传播，振兴新安理学。

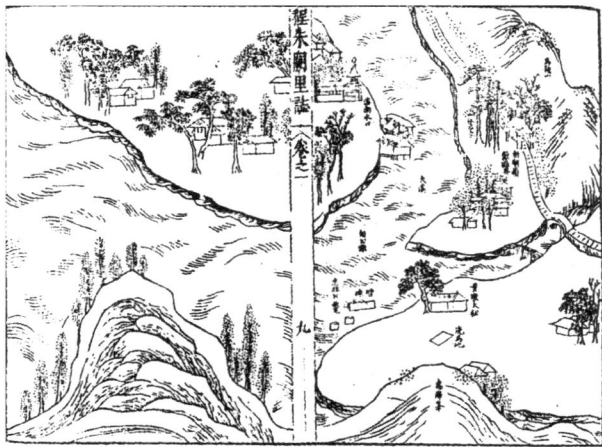

明代《程朱阙里志》中的篁墩图

　　赵时勉的提议得到了一批徽州士绅的赞同，明朝后期的徽州遂出现了一场声势浩大的"程朱阙里"建构运动。赵时勉的《源流记》一出，鲍观光、毕懋康、毕懋良、洪世俊、程寰等士绅纷纷为其作跋，极力扩大其影响。歙县人方弘静尤为积极，他发起在明道书院供奉二程和朱熹的牌位。在《明道书院祀三夫子议》一文中，为证实二程确实出自徽州程氏，方弘静还提供了一项重要证据，称在江西人唐尧臣家中见到的程颢墨迹中有"忠壮公裔"之章，忠壮公即程灵洗，果如是，则二程本人即已承认自己为徽州程氏后裔。故歙县人吴士奇称："邑方司徒尝观程伯子书于豫章唐氏，有忠壮公裔之章，而忠壮公者，歙人也，司徒为之悚然曰：'嘻，千载之疑，而一朝决之也。'"尽管后人对二程出自篁墩赖一印章决之颇有不以为然者，但此说进一步扩大了程朱同源于歙县篁墩的影响。

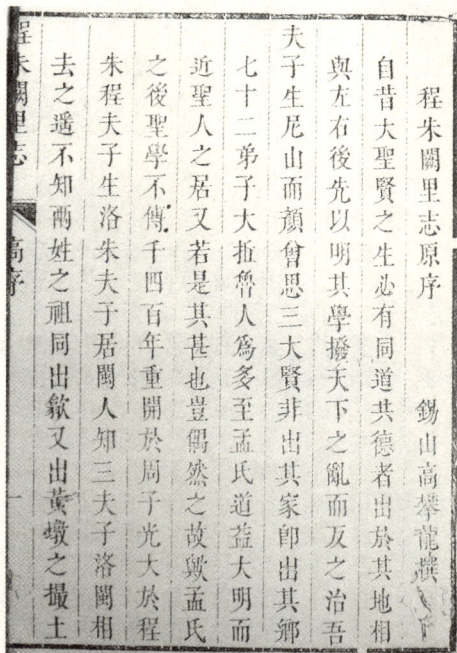

明万历版《程朱阙里志》

兴建程朱三夫子祠。自赵时勉首倡，复得方弘静为之唱和后，歙县县城建起了"程朱阙里"坊。在篁墩兴建程朱三夫子祠也被提上了议事日程，但遇到了经费上的严重困难。直至万历四十年（1612年），时任歙县知县刘伸对兴建程朱三夫子祠非常热心。在歙县绅士鲍应鳌、毕懋康等人的支持下，刘伸将距篁墩十五里的湖田的一处佛堂"古圣堂"改为程朱三夫子祠，由鲍文宪、鲍文孝、鲍文楫等人出银三百八十两建造，共有享堂三间，正堂供奉程颢、程颐与朱熹的牌位，祠右为聚奎堂，堂后为集贤院。在祠前，由吴养都、吴养春、吴琨等共出银四百五十余两，建程朱阙里石坊一座。歙县绅士胡祖贻捐田作为祠田，维持日常开支。

为了进一步弄清篁墩的程朱两大家族的遗迹，赵时勉之孙、贡生赵滂前往篁墩故址进行清查。本来，篁墩当地程氏的遗迹如程灵洗墓之类相当多，但朱氏遗迹并不广为人知，赵滂到当地后，发现还有"朱家巷"和三座朱氏古墓。朱熹当年回徽州扫墓时，发现"方夫人、十五公、冯夫人之墓皆已失之"。赵滂认为他找到的三墓就是朱熹家族所失三墓，分别树立"朱夫子祖墓"墓碑。

在刘伸和多位歙县乡绅的支持下，赵滂广搜遗文佚事，在万历四十三年（1515年），编纂成《程朱阙里志》，这是以篁墩为中心的第一部志书。万历《程朱阙里志》分为八卷，开卷有歙县知县刘伸和徽州士绅范涞、毕懋康、汪应蛟、鲍应鳌的序言，鲍应鳌复邀无锡高攀龙为序。各卷开始处均题有"明古歙后学赵滂编集，同邑后学鲍应鳌纂次，洪世俊、汪元功、毕懋良、方道通、毕懋康参阅，鲍观光、汪自沾、程鸣瑞、赵有成、赵浚、曹应鹤同校"。卷一为地灵志，有图十幅，介绍篁墩的自然与人文地理状况，重点强调程朱两家的祖墓皆在篁墩，使世人明了"程朱三夫子，以旷代真儒，其先世并在歙之篁墩"。卷二为崇祀志，有程珦、程颢、程颐、朱松、朱熹画像五幅并附各人像赞，歙县湖田程朱阙里祠的基址、图式和祭祀礼仪。卷三为世考志，收入赵时勉的《考新安程朱三夫子源流记》和多人的后跋，为了证实二程、朱熹与篁墩的历史渊源，还抄录了大量程朱祖上的碑记、世录、墓志、序文等历史文献。卷四为实录志，收录反映二程和朱熹生平的年谱、年表、墓志、行状。卷五为道统志，介绍理学从二程到朱熹之间的学术渊源，并收入了二程和朱熹弟子的生平简介。卷六为锡典志，收入了多份宋、元、明三朝褒扬、追封二程和朱熹的诏敕。卷七为艺文志，主要是新安理学家追奠、崇敬程朱的诗文。卷八为识余，主要为程朱阙里祠的田地字号、留存经费，赵滂修复的朱熹祖墓，为建祠捐资的徽商名录。

从万历志的内容来看，它与一般的地方志有明显的区别，不能看作是仅仅一部关于篁墩的村镇志。一般的村镇志往往会详细记录当地的建制沿革、风土人情、名流逸士，但是一般地方志应有的内容在万历志中寥寥无几。由于万历志是围绕二程与朱熹为中心展开论述，又收录了大量的程朱家族传记资料，因此《四库全书总目》将其列入史部传记类名人之属。但是细究全书，也难以称其为传记之书。万历志的纂修宗旨其实是两方面：突出强调二程、朱熹家族与徽州的历史联系；尊崇程朱理学，抗衡王派心学在徽州的扩张。这些特点在万历志的开篇序言中有明确的交代，如高攀龙的序文称：

自昔大圣贤之生，必有同道共德者出于其地，相与左右，后先以明其学，拨天下之乱而反之治。吾夫子生尼山，而颜曾思三大贤非出其家即出其乡，七十二弟子大抵鲁人为多。至孟氏道益大明，而近圣人之居又若是其甚也，岂偶然之故欤？孟氏之后，圣学不传千四百年，重开于周子，光大于程朱。程夫子生洛，朱夫子居闽，人知三夫子洛闽相去之遥，不知两姓之祖同出歙，又同出黄墩之撮土也。天地之气山川之灵，钟为圣贤，或发于一时一地，或培其先世而发于异地异时，盖上下千古不能几见，然则黄墩者，固千古灵异所钟而歙之最胜事也。

高攀龙在序中极力夸赞篁墩的地灵人杰，乃至于称其为"千古灵异所钟"，当然不仅仅是鼓吹篁墩本身而已，其用意当然是在于鼓吹程朱理学。

总体而言，明代中期以后的学术界中，心学处于攻势和扩张的地位，理学则处于防御和萎缩的地位。徽州理学界的"程朱阙里"建构运动，本质上是一种捍卫区域文化象征的防御行动。在明末的大战乱中，湖田的程朱三夫子祠被毁，重建"程朱阙里"遂成为清代徽州人的任务了。

进入清代以后，程朱理学一度复兴。清朝统治者仍以程朱理学为官方哲学，康熙帝尤其推崇理学，熊赐履、李光地、汤斌、张伯行等一批"理学名臣"获得重用。康熙二十六年（1687年），康熙皇帝为二程和朱熹祠庙赐以"学达性天"匾额。康熙五十一年（1712年）五月，康熙皇帝下诏要求进一步褒扬朱熹，就如何表彰朱熹拟定具体办法，朝臣经会商后决定，提升朱熹在孔庙中的祭祀地位。

康熙皇帝御笔"学达性天"

孔庙，又称文庙，是专门祭祀孔子的祠庙，从汉代开始即遍设于全国，是历代王朝推行"独尊儒术"的具体象征。后世的儒家学者如能对儒学发展做出重大贡献，其牌位有望被纳入孔庙中，进行配享，但要遵循极为严格的程序，需要皇帝专门批准才行。每个朝代能进入其中的人数都是非常有限的，所以汉代之后的儒家学者，去世之后如能将牌位列入孔庙中进行祭祀，是非常光荣的。孔庙中的祭祀规格有着严格的等级区分，正殿中，至圣孔子居于正中，其下是四配，即颜子（颜回，号称"复圣"）、曾子（曾点，号称"宗圣"）、子思子（子思，孔子之孙，号称"述圣"）、孟子（孟轲，号称"亚圣"）。四配之下是十哲，即闵损、冉雍、端木赐、仲由、卜商、冉耕、宰予、冉求、言偃颛、孙师。十哲之下才是两庑的历代先贤。朱熹在南宋晚期已经列入孔庙祭祀，但位置在两庑的先贤之列。康熙皇帝将朱熹的位置提升到十哲之列，大大提高了朱熹在儒学系统中的地位。考虑到四配、十哲都是先秦时期的儒家学者，大多数是孔子本人的学生，朱熹生于孔子去世一千五百年之后，在孔庙中的规格可以与孔子的学生比肩，实属无上光荣。

清初学术界与国家权力对程朱理学的大力提倡，为徽州人重建程朱阙里提供了极为有利的条件。徽州理学界充分利用了当时的有利条件，彻底清除了王派心学在徽州的影响，恢复了程朱理学的独尊地位。当时的徽州理学界出现了一批人才，主要有休宁人施璜、吴汝遴、汪佑、杨瑞呈、朱济臣，歙县人江恒、吴曰慎、汪知默、汪学圣、吴廷彦、胡匏更、汪德元，祁门人陈二典、谢天达，等等。康熙三十一年（1692 年），施璜、吴曰慎等争取到休宁知县廖滕煃的支持，决定在还古书院供奉朱子牌位，将这个曾经的心学堡垒改造为程朱理学的讲坛。

随着程朱理学在徽州独尊地位的恢复，重建程朱阙里被徽州理学界提上了议事日程。清代徽州理学家认为万历年间将程朱三夫子祠建在湖田是错误的，应当在篁墩而不是其他地方兴建程朱阙里。如汪学圣曾两次撰写《程朱三夫子合祀议》，强调应在篁墩建祠：

尝读忠宪高子《程朱阙里志序》，窃叹黄墩片壤尔，襄崇其议，直与尼山并峙，寰区以为无忝者，岂阿私所好欤？……夫三夫子表章六经，志即未竟于当年，功则丕彰于异代。自元历明又五百有余岁，而道南薪炳晦塞，重开新安嫡系，赖梁溪诸先哲力挽未衰之天心，仰止尼山者，其孰能舍黄墩而别寻奚径乎？学圣庸陋无闻，幸从吾师高汇旃先生，奉家学之令绪，讨圣学之源流，自惟衰塞，身生三夫子储灵胎秀之乡，每过其地凛乎有深思焉。凡吾徽大姓以望族著称者，其先世或出三夫子后，或游三夫子之门，至今沐浴余泽，人尊闽洛之书，户式邹鲁之教，出则本正心诚意以端笏于庙堂，处则讲主敬穷理以扬徽于严谷，息邪距诐，尚不乏人。然紫阳白岳，铎响铿锽，而黄墩为三夫子之祖所自出之地，忠壮之庙貌虽雄，供香火者奔走惟里老田夫。文公先垄在望，阅丘墟者咄嗟于春露秋霜。则合三夫子而祀之，奉朝廷，饬郡县，虔俎豆之实，意仿前辈志。阙里建祠宇之芳模，一旦聿新堂庑，典礼而谨，学规严奏，格以勤讲习，使天下万世知道脉之同源发祥有基，信天理之合律世守未艾，当亦三夫子之所式凭，凡为其后与得其门者所应有事也。若夫遵黄墩之培塿以上跻尼山之崇隆，行见尧舜禹汤文武周公之道焕然如日星经天，沛然如江河行地，是又守先待后之士乘进鼓勇，以求有补于天地山川之英爽，千圣万贤之篁墩常在，高子岂欺我哉！……

　　自古天生豪杰，关系运会，事莫大于尊圣经，扶名教，以正一代之人心，以开万世之平治，故议崇祀三夫子于黄墩，言似迂阔，实有见于人心可正，治平可开，惟此时为然，惟此地为然耳。盖二程一朱相继崛起，前续孔孟之心传，后启元明之熙洽。无如盛衰相为倚伏，异端邪说充塞六籍，寂灭虚无蠹蚀五伦，此学术所以祸天下，而天下乱随之。我朝仍用八股程士，中饬大全性理诸书，则程朱之学剥极而复，天地之心于此可见矣。维黄墩扼歙休之接壤，为各邑之要冲，三夫子发祥肇基于斯，迄今忠壮之庙貌，官民同钦，紫阳之先茔，碑表在望，宜乎昔之名公巨卿考源流而议典礼，谓黄墩乃千圣万贤之黄墩，生斯地者能奋起而继往开来，皇天后土将默相之矣。夫程子起伊洛，私印必佩忠壮，朱子生建阳，著述必系新安，是三夫子精英眷顾皆在此土也。乡先达如郑时夫、方定之、赵诚之三先生合祀之议，事详志书。惜建置祠宇不在黄墩，而僻壤私营，终湮荆莽。今日而有孕川岳之灵，膺时地之望者，计故典而重申之，就黄墩里地，清理墓址，合饬祠规，使三大儒之堂搆，同昭亿兆人之观感有自，则林泉志士得勤讲习而励躬修簧序，英流咸遵传注，以正文艺。黄墩为天下万世之黄墩，寻源不二，瞻仰同归，事半而功倍，孰有大于此者，在主持运会之君子力任担当耳。

汪学圣在此处严厉批评晚明心学"异端邪说充塞六籍，寂灭虚无蠹蚀五伦"，极力赞颂程朱理学，同时沿用了明代兴建程朱阙里时的主要论点，即二程和朱熹都是徽州篁墩所出，应当在篁墩建立专祠祭祀，明代在湖田建祠，"惜建置祠宇不在黄墩，而僻壤私营，终湮荆莽"。汪学圣对篁墩极力歌颂，甚至喊出"黄墩为天下万世之黄墩"，其用词造句相当独特。

另一位清初理学家吴曰慎则将希望寄托在政府的身上。他曾致函歙县知县，希望由歙县地方出面在篁墩重建程朱阙里祠：

屡承足下问以歙邑所当兴起之事，某再三询访，反复熟思，有地至近，事至易，名至正，功至大，迹至久者，莫如程朱阙里一事。篁墩者，程朱之祖基也。程子虽生于河南，实忠壮之裔，其先世自新安迁中山，又历数世而迁河南，前辈考得其实，历历可据。朱子虽生于闽，其祖墓尚在篁墩，又自叙先世为篁墩人，因戍婺而家于婺也。然则篁墩宜建程朱阙里以祀三夫子，因使有志于学者得以讲习其中，所以上尊先贤以明道统，下作人才以正学术，向来诸先生有志于此而力未逮，又不得当道者倡率成就之，是以逡巡而未能遂也。今善政昭灼兹邦，且欲修举废坠，而况于圣贤道统寓万世学脉所关者乎？在得为之位有可为之势，而其事至近且易，其功至大且久，此千载一时，不可失也。前此，亦有建程朱阙里于他处者，然非其地，程朱之灵未必凭依，故荒废颓败，今以其祖墓为阙里，则名实相副，程朱在天之灵当必有以默相之矣。向闻汪惕若先生在无锡时，曾以高忠宪公程朱阙里志序及合祀三夫子议，转致郡学赵师，而胡荣明先生亦面言之，未能举行，岂非不朽之业必留以待其人而后成之？非偶然也。且此事果行，则学者有讲习之所，风俗有兴起之机，接壤诸乡尤大益也。蒙不鄙弃，故敢以此言进外，序记二册呈览，粗见梗概，倘有举行，诸先生自当呈请经画以图其成，幸高明留意焉。

在这封信里，吴曰慎直截了当地点出明代建祠湖田的根本缺陷："前此，亦有建程朱阙里于他处者，然非其地，程朱之灵未必凭依，故荒废颓败。"所以，建祠篁墩是必然的选择。吴曰慎将兴建程朱阙里描绘成"地至近，事至易，名至正，功至大，迹至久"的一项伟业，恳请歙县政府予以兴建。虽然歙县官方没有动静，但民间重建程朱阙里的行动已经汇成一股不可阻挡的潮流，为之奔走最为积极的当数吴廷彦。

吴廷彦，字灿文，歙县南溪南人，恩贡生。他自幼潜心于理学，是程朱理学的忠实信徒。康熙四十七年（1708年），吴廷彦到篁墩方家做私塾先生，得到赵滂所编的《程朱阙里志》，按志中所载墓图，找到了万历年间清理出的朱氏祖墓三穴。但是墓地已为当地人占据，不肯交出，双方争讼不已。歙县知县蒋振先得知后，捐俸赎回，重新树碑，并撰文纪念其事。

吴廷彦清查篁墩朱氏古墓成功之后，信心倍增。雍正三年十一月，吴廷彦与地

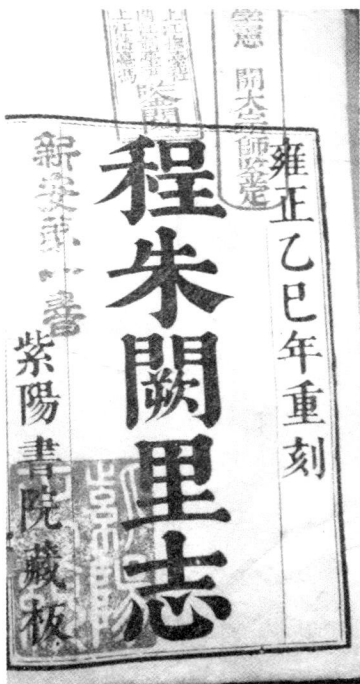

雍正重刻版《程朱阙里志》扉页

方举子、士绅，多次联合上书至书县、府和省学政，希望在篁墩重建程朱阙里。呈文希望歙县、徽州府和安徽学政能够上奏朝廷，由朝廷颁布敕令，在篁墩敕建程朱阙里。呈文获得了歙县、

休宁县、徽州府和安徽布政司、学政的多次批示，均对建祠表示支持。吴廷彦还曾到两江总督尹继善、安徽布政使冯景夏等高官处进行活动，劝说他们当面向皇帝请求，能够敕建程朱阙里于篁墩。至于建祠的经费，吴廷彦提出可以传谕徽商，将修建外省僧寺道观的费用，用于家族兴建程朱阙里。

这里，涉及兴建程朱阙里的一大难题——经费。兴建祠堂不是件容易的事，无论是选址购地，还是鸠工庀材，以及建成后的日常修理，无论哪一项都离不开钱。依照徽州理学界对兴建程朱阙里的高度期望，一旦动工兴建是需要巨额经费的。因此，各级地方政府虽然对吴廷彦的建祠表示支持，但不愿意出钱。吴廷彦把希望寄托在徽商身上，尤其希望当时的大盐商能够出面支持。由于一直没有筹集到足够的经费，吴廷彦只好打消建祠的念头，将捐款用于重编《程朱阙里志》。

吴廷彦重编的《程朱阙里志》在雍正三年至十一年间曾经多次刊刻，今天有多个版本存世，但主要内容是一致的。安徽省图书馆所藏雍正十一年（1746 年）刊刻的《程朱阙里志》，扉页上钤有"学宪开大宗师鉴定""上江抚台程、两江制台尹、上江藩台冯鉴阅"的红色印记，并赫然印有"新安第一书"字样，充分说明了刊刻者对该书的定位。雍正志除了包括赵滂纂修的万历志全部内容外，还增加了卷首和汇增两卷。卷首部分包括康熙皇帝为程朱御书"学达性天"匾、褒扬朱熹的诏书、程朱两家谢恩的诗文。汇增部分的主要内容包括：徽州理学界在篁墩重建程朱阙里祠的文稿、恢复朱氏祖墓的经过、程朱家族徽州先祖的传记、捐助者名单，等等。除徽州籍学者和官员外，还邀请到了一批名人为其作序。如孔子六十七代孙孔毓璁的《重刻程朱阙里志序》，赞颂二程和朱熹对发展孔孟儒学的贡献，"继往圣开来学，功在万世"。孔毓璁显然接受了二程、朱熹都出于篁墩的观念，因而称颂"篁墩片壤直与东鲁尼山遥相辉映"。如此高度的赞颂出自孔子后裔之口，显然进一步巩固了篁墩作为程朱阙里的地位。将程朱与孔孟并称，成为清代鼓吹在篁墩兴建程朱阙里的一种非常常见的用语。

从雍正重刻的《程朱阙里志》记载来看，在篁墩重建程朱阙里的条件已经完全成熟了，所欠缺的只有经费了，这个任务最终在乾隆年间由实力雄厚的徽商完成了。最终完成程朱阙里重建的是徽州商人——歙县傅溪盐商徐氏。

清代徐氏家谱中的傅溪图

傅溪即今日岩寺路口，徐氏家族在南宋末年迁居于此，元代开始即以经商为业，逐渐发展成为著名的徽商家族之一。清代初年，徐伟芳（1629—1702 年）前往扬州经营盐业，开设徐尚志盐号，大获成功，徐氏家族由此成为两淮盐商中十分活跃的世家大族之一。

徐伟芳业盐成功后，迁居扬州江都县，他有三个儿子，都经营盐业。长子徐嘉玉早逝，但他的两个儿子徐景京（字维镐）和徐璟庆（字赞侯）在康熙年间也成了两淮盐商领袖，徐景京的两个儿子徐士业、徐士修则在乾隆年间将家族的盐业经营推向了高峰。乾隆皇帝南巡期间，徐璟庆、徐士业、徐士修都曾经参与接驾，竭力供奉，深获皇帝欢心，屡有褒奖。

徐氏家族在业盐致富后，将大量的财富用于家乡的各类建设和慈善事业。徐家曾先后捐资兴修过徽州府儒学、文庙、紫阳书院，这说明他们对参与文化事业建设有很高的热情。傅溪距篁墩不过十余里，徐景京自少往来其地，慨然有兴复之志。徐景京在乾隆五年（1740 年）去世，他的兴建计划未及实施，其子徐士修、徐士业兄弟在修复紫阳书院后决定在篁墩兴建程朱阙里，徐士修做了重建规划，但未及动工即辞世，此一重任遂落在徐士修之子徐麟甡身上。乾隆二十三年（1758 年）八月，徐麟甡正式向官府提交《捐建呈状》，获得歙县官绅的支持。经歙县、徽州府层层上报至江南布政司。为弄清二程、朱熹祖上是否确为篁墩所出，江南布政司行文二程与朱熹嫡系后裔的翰林院世袭五经博士程汉、程俶、朱世润，询问是否确有其事，程朱两家后裔皆回文予以确认。其中二程后裔的回复如下：

> 翰林院世袭五经博士程汉、程俶呈，为遵檄具覆，恳详题请，以光道学事。程汉等祖大程豫国公、二程洛国公，当躬固隶籍河南，而溯由来，实始于江南歙县之篁墩。缘始祖元谭东晋新安太守，以官为家，卜居于此，传十四世梁开府，谥忠壮，讳灵洗，功绩最为显著。二十八世讳峄，由新安迁博野，三十二世讳希振，由博野迁河南，传三世而二夫子生焉。计二夫子二十七世以上皆居新安之篁墩，迄今两地支丁世敦昭穆，祖里墓

域时为亲省。于康熙五十三年，故祖博士佳璠曾亲至篁墩扫墓，事载《阙里志》。今据徼准徽州府咨，绅徐麒牲念程朱三夫子俱发源于篁墩，呈请捐建阙里祠宇，奉江南布政使司托，未据咨询两博士谱系，查明据实详覆等因。蒙此遵奉，谨将迁徙本末世系谱图清单具呈，乞转申详。更有请者，查《阙里志》载，歙西吕湖地方旧有程朱阙里祠，春秋遣祭，额制祭仪银一十七两四钱五分，看祠门子工食银三两六钱。虽经日久颓废，礼典缺然，而郡邑两志炳据可考。又查嵩祠于康熙二十五年，经奏准春秋祭仪银四十两，乾隆七年呈请设扫夫二名，每名七食银六两，以上四项悉于正额银两内扣除给发。今于篁墩创建祠宇，里墓既与相依，烝尝即赖世守，是篁墩一祠迥非一切三夫子祠可比，拟仰恳转详，题请恩赐御匾，永复祀典，所有春秋祭仪银两并扫夫工食应照河南嵩洛两祠例核夺详题，以副圣天子崇儒重道之至意。又康熙二十六年荷蒙圣祖颁赐"学达性天"匾额于河南伊洛渊源祠，今道学增辉，光昭宇宙，仰恳请旨，应否敬摹宸翰，恭送篁墩阙里祠悬挂，或荷邀特典，另制御书颁赐篁墩，则更沐殊恩于无既矣。事关具题，静候申详裁夺。计粘世系图一纸（旁支不载）：

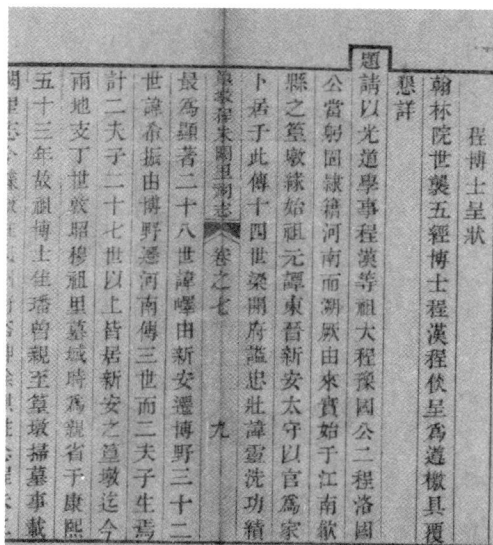

二程后裔关于在篁墩兴建程朱阙里的呈状

第一世，元潭，新安太守，始居篁墩。

第二世，超。

第三世，冯。

第四世，丰。

第五世，景秀。

第六世，元政。

第七世，宝云。

第八世，法晓。

第九世，隐隽。

第十世，道乐。

第十一世，次茂。

第十二世，詧。

第十三世，宝惠。

第十四世，灵洗谥忠壮，庙祀篁墩。

第十五世，文季同祀世忠庙。

第十六世，子向。

第十七世，诩。

第十八世，公颢。

第十九世，绚。

第二十世，南美。

第二十一世，元皓。

第二十二世，季随。

第二十三世，绎。

第二十四世，昔范。

第二十五世，行褒。

第二十六世，纂。

第二十七世，瑀，以上皆居篁墩。

第二十八世，峄，五代时迁中山博野。

第二十九世，秀。

第三十世，淑。

第三十一世，羽。

第三十二世，希振，由博野迁河南。

第三十三世，次遹。

第三十四世，珦。

第三十五世，颢（明道），颐（伊川）。

朱熹后裔的回复如下：

翰林院世袭五经博士朱世润呈，为职祖徽国文公荷蒙圣代褒崇，所在祠宇春秋享祀，而于始祖里居墓域之地创设祠宇，以志不忘所自者。歙绅徐麒牲念二程夫子暨职祖文公俱发源于歙南之篁墩，呈请建造程朱阙里祠，通详各宪，蒙藩宪批：未据咨询两博士谱系，查明据实详覆等因。奉府饬查，檄送案下。窃职祖文公封崇徽国，自注新安，而追溯渊源则自始祖师古公卜迁篁墩，始生居斯里，殁葬斯乡，传志古迹可考，而职祖文公即师古公十世孙也，遵具系图呈验。更有请者，歙西吕湖地方，旧有程朱阙里祠，岁以春秋二仲次丁日遣祭，虽经日久颓废，祀典缺然，而郡邑两志中现在可据。今幸徐麒牲呈请于篁墩地方创建祠宇，不惟程朱祖墓就与祠而常新，抑且程朱祖墓永依祠以世守，则篁墩一祠洵非一切三夫子祠所可同日语，现在河南伊洛渊源祠、婺源文公阙里庙蒙圣祖颁赐"学达性天"匾额，三十三年又准奏摹宸翰，悬挂于紫阳书院，乾隆三年特蒙皇上钦赐"百世经师"匾额于文公阙里，九年又蒙钦赐"道脉薪传"匾额于紫阳书院。今篁墩建造祠宇，拟中奉祀三夫子位，即于后堂奉祀三夫子祖位以伸报本追远之忱。仰恳工竣详题，恭请恩赐敕建，永复祀典，并应否著两博士敬摹历赐御匾，恭送篁墩三夫子祠悬挂，或抑邀特典，另赐宸翰，以昭隆恩，此则出自圣裁，非职所敢期必也。为此具覆。

计粘世系图一纸（旁支不载）

第一世，师古，居篁墩，葬本里。

第二世，古僚，镇戍婺源，因家焉。

第三世，廷隽。

第四世，昭元。

第五世，惟甫。

第六世，振。

第七世，绚。

第八世，森。

第九世，松（韦斋），仕于闽。

第十世，熹（晦庵）。

二程与朱熹嫡系后裔的回复意义重大，有效地证明了在篁墩兴建程朱阙里的合理性。尤其是二程后裔的回复，不但肯定祖上为徽州所出，还提供了从徽州始迁祖程元谭至程颢、程颐的三十四代详细世系，其中二十七代居住于篁墩，对于解决二程为徽州篁墩所出这一千载谜题提供了最强有力的证据支持。在获得程朱后裔的首肯后，江南布政司批准动工兴建。

130

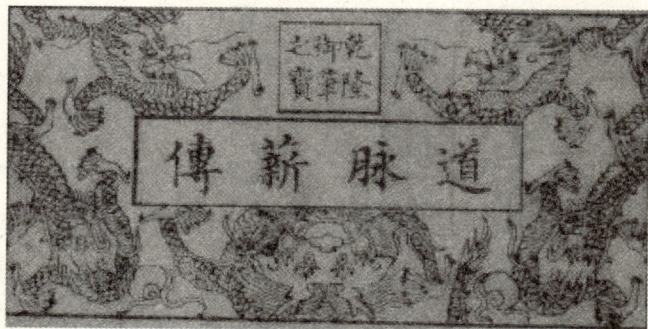

乾隆皇帝御笔赐婺源朱子庙"道脉薪传"

为使篁墩作为"程朱阙里"的地位能得到国家最高统治者的正式承认，徽州士绅进行了积极的活动。在程汉、程俶、朱世润的呈状中，就提出"抑邀特典，另赐宸翰，以昭隆恩"，并得到了两江总督尹继善、安徽巡抚讬恩多等督抚的支持。乾隆二十六年（1761 年）十二月三日，歙县籍官员、光禄寺少卿吴炜上疏，请求乾隆皇帝为篁墩祠堂赐以御书。乾隆皇帝是好大喜功的君主，吴炜在奏疏中奉承他"以作君而兼作师，以治统而承道统"，可以说是抓住了他的心理。十二月六日，乾隆皇帝准许吴炜所奏，"赐安徽篁墩二程子、朱子祖居祠御书扁曰'洛闽溯本'"。诏旨下达后，徽州籍官员士绅五十三人联署上奏，恭谢皇恩。

乾隆为篁墩所赐的御书匾额"洛闽溯本"是有其含意的：所谓"洛"是指程颢、程颐，因兄弟两人都居于洛阳，所谓"闽"是指朱熹，因为他生平主要居于福建，"溯本"是指二程与朱熹祖居地皆在徽州。篁墩作为"程朱阙里"的地位，终于得到了国家最高统治者的承认。

乾隆皇帝御笔赐篁墩程朱阙里祠"洛闽溯本"

徐麒牲委托戚友徐晖凯、程炳政等鸠工庀材，耗费巨资，历时四年，于乾隆二十七年（1765年）三月完工。历时四年完成兴建的篁墩程朱三夫子祠，规模宏伟：

> 祠倚富仑山若辰，前带九曲之水，地当孔道，人士所观瞻也。祠前为石坊，恭勒御书以志不朽。祠基自石坊起至后殿檐墙止，南北计深二十五丈七尺，两旁学舍略杀于中。正祠宽五丈，祠左学舍宽二丈六尺五寸，祠右学舍宽三丈，东西其宽十六丈六尺五寸，祠后略杀于前。祠右官厅西有余地，为南北轩各一。书堂前余地并以墙围之。祠外置有余屋二所。

正祠之中，大堂中间供程颢、程颐、朱熹的牌位，左右两庑供奉从宋代程洵到清代吴曰慎的新安理学家，共四十一人。正祠后堂正中供奉程朱二氏祖先六人，左右庑供奉兴建程朱阙里有功人员十一人。

保存在篁墩村的程朱阙里祠"宸翰"刻石

为了表彰徐麒姓兴建程朱阙里祠的贡献，两江总督臣尹继善、安徽巡抚託恩多上疏为其请功。据尹继善和託恩多的奏疏，徐麒姓为兴建程朱阙里祠用去工料银一万九千七百六十余两，加上他后来为祠堂所置的义田等项支出，总开支不会少于两万两。两万两银子在当时是什么概念呢？《红楼梦》中的刘姥姥说过二十两银子就够普通一户百姓过一年了。徐麒姓兴建程朱阙里所耗费的资金相当于二千户普通百姓一年的生活所需，这确实是一笔巨款。为了表彰他的贡献，朝廷决定加封。由于徐麒姓原来已有从三品顶戴，加封后成了正三品顶带。

乾隆二十八年（1763年）秋，徐麒姓族叔、河南学政徐光文邀请在乡士绅原福建学政吴华孙、原顺天府尹程盛修、原赣州知府朱陵等前往篁墩，举行了盛大的开祭典礼。开祭时，由程盛修主持会社，吴华孙贡献祭品，钟鼓齐鸣，衣冠萃集，围观者不下万人，篁墩当地的老人说从未见过此等盛况！可谓是程朱阙里以来前所未有的盛典。

乾隆年间的篁墩图：从左至右依次为程朱阙里祠、黄氏祖墓祠、程氏世忠庙

为了严格程朱阙里祠管理，徐光文等议定了祠规，共二十五条，对祠堂的祭祀、礼仪、祠务、财产、司事等各方面做了详细而严格的规定。依祠规，祭祀分为官祭与乡祭，官祭由徽州知府亲临，费用由官银支会；乡祭则由祠堂司事邀集乡绅举行，费用由祠堂承担。徐麒姓在篁墩附近购得田地七十五亩，以田租维持日常开销。祠堂有司事十二人，均为歙县举贡生员，轮流掌管祠务，以确保长治久安。

清代程朱阙里祠（局部）

乾隆二十八年（1763年），徐光文受徐麒姓委托，重编程朱阙里志。徐光文制订义例，命其学生程世锡搜访资料，在乾隆三十四年（1769年）编成《篁墩程朱阙里祠志》一书。该书分为

宸翰、地理、祠宇、祀典、祀产、纪传、章疏、序记等八卷，由吴华孙、徐光文、徐麒甡作序，并有徐晖凯、程世锡的跋文。

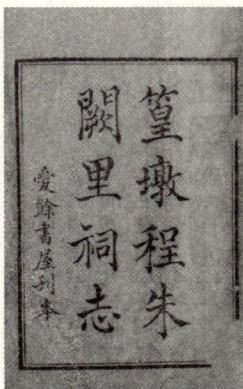

乾隆刻本《篁墩程朱阙里祠志》　　　民国年间篁墩照片

与万历、雍正两志相比，乾隆志在继承前志的基础上，做了较大的调整。万历志中，为证明二程、朱熹确为篁墩所出，对程朱家族源流的考辨极多，还抄录了大量的二程和朱熹传记资料，连篇累牍，以至于《四库全书总目》将其列入传记类而不是地理类。雍正志除了完全照刊万历志内容外，增加的部分多有累赘，甚至将吴氏家族的始祖长沙王吴芮的碑记也附入其中。雍正志中还称吴廷彦查复朱熹祖墓时曾"梦朱子之神相为感召"，并记录了多次梦见朱氏家族祖先的内容等等，梦话连篇，语涉不经，实为全书之疵。乾隆志成书时，时空背景发生了重大变化。篁墩"程朱阙里"的兴建，不但得到了程朱后裔的认可，还获得了官府的支持，最终由乾隆皇帝赐匾予以承认。因此，乾隆志已经无须在程朱世系源流上多做文章了，所以将前两志中大段的考辨文字悉数删除。主持修志的徐光文也颇具眼光，决定不再抄录二程和朱熹的传记资料："三夫子本传、年谱、行实、褒崇、锡典在他志自宜全录，此为三夫子祖里，只须引用旧文证明三夫子渊源确在此处而已，本传等篇与祖里无涉，无庸多赘。"卷六中的人

物传记，只记生平大略及其与程朱阙里的关系，简明扼要。即使是捐资修祠刊志的徐氏家族，也只有徐士修一人立传，全文不过三百零七字，与雍正志滥载吴氏家族文献，恰成鲜明对比。从总体上看，乾隆志体例严谨，内容简洁，叙述流畅，刊刻精密，其水平在万历、雍正二志之上。乾隆年间，徽州人终于在篁墩兴建了程朱阙里祠，并刊刻出版了《篁墩程朱阙里祠志》，这标志着经过从明至清历时一百五十余年的努力，篁墩程朱阙里的建设终于彻底完成了。篁墩不但成了徽州宗族迁徙文化的圣地，也成了整个徽州文化的象征。

徽
州